大展好書　好書大展
品嘗好書　冠群可期

大展好書　好書大展
品嘗好書　冠群可期

楊式太極拳

5

楊式內傳太極拳家手

附 DVD

張文炳　傳授

張漢文　蔣　林　編著

大展出版社有限公司

精拳之道在于
明志 勤修苦練

賀漢文先生
太極拳新著問世

趙雙進題
丁亥仲秋

趙雙進（原中國武術協會副主席、中國武術研究院
秘書長、亞洲武術聯合秘書長）為本書題詞

張耀庭（原國家體委武術運動管理中心主任、中國武術研
究院第二任院長、中國武術運動協會主席）為本書題詞

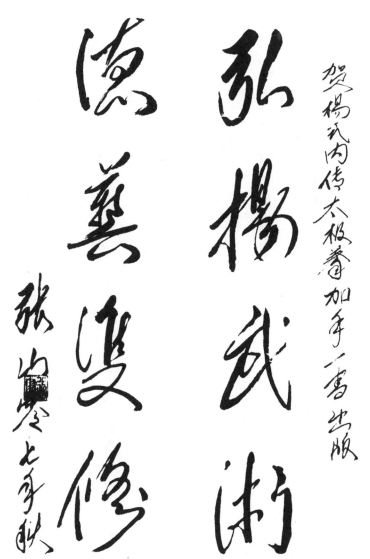

弘揚武術

演善復修

賀楊式內傳太極拳加手一書出版

張紹棠七一年秋

　　張　山（中國武協專家委員會委員、原中國武術協會副主席、中國武術研究院副院長）爲本書題詞

浩：平为為嘉御風而不知其所

止飄：平如遺世獨立羽化而登

仙

錄蘇東坡前赤壁賦句以贈

張濟文 蔣林志先生編著楊武內傳太極拳紀念出版

昌滄書 丁亥桂月時年八十三

昌　滄（原《中華武術》雜誌第一任主編、人民體
育出版社資深編審）爲本書題詞

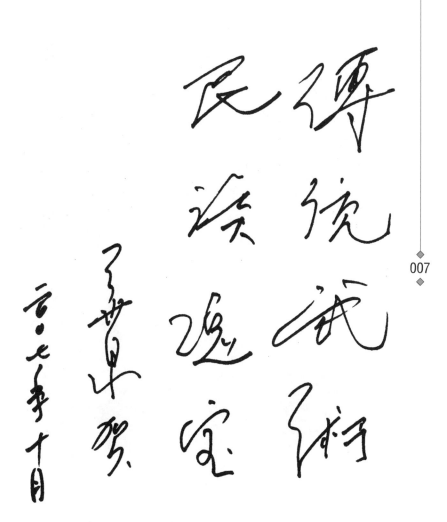

　　王世泉（中國武協委員、北京市武術協會副主席、北京武術院副院長、北京市武協八極拳研究會會長）為本書題詞

楊少侯（名兆熊）先生

（1862—1930 年）

楊澄甫（名兆清）先生

（1883—1936 年）

楊式內傳太極拳第四代宗師
張文炳（字虎臣）先生（1898—1979 年）

恩師張文炳傳授弟子技法

恩師張文炳與弟子對劍

張文炳宗師的京城五弟子
（居中王秀田、右二李順波、右一蔣林
左二梁禮、左一張漢文）

　　張漢文，1940年生，曾任北京市武術協會副秘書長、北京市武術協會三皇炮捶研究會常務副會長兼秘書長、澳洲少林禪武學會總會顧問。中國武術七段。

　　作者自幼習武，1954年拜「京都會友鏢局」著名武術家「大槍董英俊」先生爲師，習練三皇炮捶拳械，是此拳種的第七代主要傳人。1957年拜楊式太極拳第四代名家崔立志（字毅士）先生爲師，習楊式大架太極拳；此後有緣又拜在楊式內傳太極拳第四代宗師張文炳（字虎臣）先生門下，深研楊式內傳太極拳之奧妙，成爲楊式內傳太極拳第五代傳人。此外，曾

得授著名武術家吳斌樓，查拳大師常振芳，三皇炮捶大師袁敬泉、段庶卿、張慶雲和著名中醫、武術大師歐錫九等諸位老師的指導和教誨，功底頗深。

曾發表過武術理論、功法技法、點穴按摩、宣傳武德等數十篇文章，其中一些文章彙編入《功法薈萃》《內功舉要》和《北京武林軼事》等書中；著有《三皇炮捶拳》一書，並先後又在日本和臺灣出版，此書的出版結束了此拳種口傳身授的歷史，此後又出版了《三皇炮捶匯宗》。在《燕都當代武林錄》一書中任副主編，出版有《中國傳統武術大全·三皇炮捶》、中國傳統武術經典系列《名家名拳·三皇炮捶拳械專集》等多種教學光碟。

曾參加《京城武林》《武術世界》等多部大型紀錄片錄製的演練工作，曾多次參加北京市武術比賽，成績優秀。自20世紀70年代至今，積極開展教學工作，培養了大批武術人才，弟子遍及國內外。

作 者 簡 介

　　蔣林，1945年生於天津武清縣。出生武術世家，7歲從家叔始學通背拳，14歲入選北京市業餘體校從王茂林老師學中國式摔跤，後正式拜摔跤健將朱友山爲師，繼續學練中國式摔跤，曾入選北京市通州區代表隊，多次取得市級比賽的優秀成績。

　　1964年作者師從張文炳（字虎臣）先生習楊式內傳太極拳械，至1970年正式成爲張文炳先生的登堂入室弟子，是楊式內傳太極拳第五代主要傳人。

　　1982年應北京市通州區體委之邀，任區太極拳培訓班教練，培養出太極拳輔導員近百人，並多次被評

爲北京市太極拳優秀輔導員。

1995年應聘任北京騰龍武術學校敎練，培養出多名武術優秀人才，在市級武術比賽中取得前六名的優秀成績，其中盧占國、王非在全國和北京市武術比賽中，取得拳術、器械、對練的第一名。

現任北京市武術協會楊式太極拳研究會委員、北京市武協團結湖培訓中心副主任、澳洲少林禪武學會總會顧問。

太極百花園中一奇葩

楊式內傳太極拳體系的三卷書與廣大讀者見面了，這是廣大武術愛好者及楊式太極拳愛好者的一大幸事，向張漢文和蔣林二位先生表示祝賀。

楊式太極拳是中國文化寶庫的一枝奇葩，是太極拳中一個主要流派，它由第一代宗師楊露禪及其子楊班侯、楊健侯，其孫楊少侯、楊澄甫祖孫三代苦心鑽研不斷修潤，從陳式太極拳老架發展而來。

現今世間流傳比較廣泛的就是經第三代宗師楊澄甫先生修潤定型的楊式大架太極拳，而楊式內傳太極拳卻鮮爲人知。

2004年我有幸親眼目睹了蔣林先生演練的楊式內傳太極拳小快式，給人耳目一新的感覺。它勢架低，動作幅度小，運動速度快，步法靈活，發勁冷彈脆快，但又保持了傳統楊式太極拳中正安舒、鬆柔圓活等特點，這套楊式內傳太極小快式難度大、技擊性強。

漢文先生自幼習武，曾向多位名師習練多種拳

術，特別對三皇炮捶拳術有很深的造詣，曾盡心著有
《三皇炮捶匯宗》一書。現雖年逾花甲，卻不滿現
狀，孜孜以求，在早年曾向崔毅士老師習練楊式太極
拳大架的基礎上，又繼續研練楊式內傳太極拳，其精
神可貴可敬。

　　由於當年楊家傳拳內外有別，楊式內傳太極拳體
系只在楊氏子弟和極少數外姓入室弟子中以口傳心授
的方式傳承延續，這樣精華之脈雖不絕如縷，卻面臨
失傳危險。爲使楊式內傳太極拳體系完整地流傳於
後，公諸於眾，漢文與蔣林二位先生打破陳規舊習，
毫無保留地披露了楊式內傳太極拳體系，將該體系中
的「楊式內傳太極拳一○八式」「楊式內傳太極拳加
（家）手」和「楊式內傳太極小快式」這三趟拳，完
整地著書於世，並願廣泛傳播。這是廣大武術愛好
者，特別是楊式太極拳愛好者的福音，也是對繼承發
展武術文化遺產的貢獻。

劉鴻池

國家一級教練

北京市武術協會委員

常（振芳）式查拳名家

孫式太極拳第三代主要傳人

中國武術八段

前　言

　　楊式內傳太極拳家手是我師張文炳先生所授內傳太極拳體系中的中級拳路。拳架結構編排上與第一套拳「一○八式」大體一致，但在拳式變化上卻獨具特色。此路拳不僅有楊式太極拳舒展飄逸、寧靜大氣、柔和緩慢、靈活貫通等基本特點，而且在拳式上還多了許多新的招式，兩式連接處常以抱球運轉，還具有手法變化多、左右移重多、進退走弧步、轉腰幅度大、盤架時間長、內氣纏繞旋轉、不緊不滯、細膩圓活、動中求靜和用意不散等特點。

　　特別強調丹田氣要養出個「球」來。以這個「球」爲核心，向全身縈布，張開汗毛孔使全身透空，將氣擴展到體外，形成球形氣場。丹田氣受控於心意，心意一動，丹田氣即動，全身整體氣場皆動。打拳好似在氣場中游泳。內小動而外大動，內強動而外烈動，沒有無意動之氣動，沒有無氣動之體動，做到「以心行氣，以氣運身」，體現出「內功磅礡，如大海浩瀚，不動中吞吐萬物之氣概」。

　　家手拳主要鍛鍊以內氣帶動形體運作，提高腰部的轉動和下肢功力爲主，由鬆入柔，運柔成剛，漸而輕靈不浮，沉穩不僵。家手拳是楊式內傳太極拳體系

中的中級拳架，是提高習者內外功力、進階第三路拳
「小快式」的關鍵一環，習者不可輕視。

家手拳內容豐富、招式新穎、圓活順暢、風格獨
特，它豐富了楊式太極拳套路中的動作內容，使習練
者的思維從原有的模式中解放出來，爲研究、繼承、
發展太極拳提供了一個嶄新的視角。

本書對習練楊式太極拳的要領、要求等基礎內容
不再贅述，在介紹了此套拳風格特點之後，平鋪直述
詳解家手套路，爲習練者修煉太極功夫、健身養生和
提高內功水平提供幫助。本書結合生理、醫理、功理
和武理對人體的內氣作了必要的介紹，並強調「功拳
並練，內外兼修是拳家正道」的觀點。書中對李道子
先生的「授秘歌」從練內功角度試解其秘，以淺薄之
識，拋磚引玉。

我們相信，楊式內傳太極拳的面世會受到廣大太
極拳愛好者的垂愛，必將成爲太極拳百花園中一枝絢
麗的花朵！

我們的願望是美好的，但在編寫過程中深感學識
淺薄，書中不足之處，懇請太極拳明師、專家賜教。
本書在編寫過程中深得武術界幾位老領導、老武術家
的熱情支持，爲本書揮毫題詞、作序；又曾得到劉熾
京、劉科、呂驥、陳海欽、劉福來先生和張怡、李慶
華、張波女士的鼎力相助，在此書出版之際，表示衷
心地感謝！

020

目　錄

如何修煉楊式內傳
太極拳至高境界

　　初學太極拳時，常常會出現身體鬆得不好，動作顧此失彼，上下、左右、內外都不協調，套路不熟，時有斷續，呼吸也不順暢自然。經由一段時間的鍛鍊，逐漸掌握了練拳的要領，同時身體也得到鍛鍊。這個階段練太極拳，都是以有形的動作由放鬆、入靜等手段，使形體內外合度（這裏所說的合度，是指按照楊澄甫先生講的《太極拳術十要》來要求、檢查自身，達到基本無誤的程度而言）。配合意與呼吸，引動丹田之內氣的練法。依照這種練法，經過幾年的刻苦努力，做到勢正氣順、鬆靜自然、套路嫻熟、內氣初步養成，並可取得強身健體之功效。

　　這種以「有形之體」的外形引動丹田之內氣的練法，稱之為「初級階段練拳法」。絕大多數太極拳習練者滿足或徘徊在這個層面上，他們只追求學得多少套的套路或透過練太極拳使身體獲得好處等，也有部分人雖提高了學練的要求，但轉來轉去還在拳式上找，難以找到進一步修煉的方法，以便步入太極拳至高境界。

如何修煉太極拳至高境界？在《十三勢行功要解》中明確指出：「以心行氣，務令沉著，乃能收斂入骨。」「以氣運身，務令順遂，乃能便利從心。」「心為令，氣為旗，神為帥，腰為驅使，所謂意氣君來骨肉臣也。」

楊澄甫先生對此注解曰：「平時用功，練十三勢用心使氣緩緩流行於骨外肉內之間，意為嚮導，氣隨行。至於練拳姿勢要沉舒，心意要貴靜，心不靜不能沉著，不能沉著則氣不收斂入骨矣，即是外勁也。練太極拳能收斂入骨，此真正太極拳也。」「想使氣運身流通，必須十三勢教正無錯」，「姿勢上下相遂，勁不矯揉，氣才能流通。如姿勢順遂，心中指揮手腳遂心矣」，「太極之理，猶行軍戰車，必有令旗指揮驅使，練太極亦然。

所以心為令，就是以心行氣，能使氣如旗，意之所至，氣之隨之而到，就是心為令，氣如旗。腰為纛者，即軍中大纛旗也。小旗主動，大旗主靜。全法腰可作車軸之轉，不能倒捌大纛也」。

武學大家之談，其理其法說得既明確透澈，又高深精闢，是講給練功有素的學生。學練太極拳的初級階段類似於小學生程度，何以習懂大學課程？只有在初級階段練功有成的基礎上再向上攀登，才能真正掌握較高層次的拳理拳法。沒上到第一層樓，怎能上到第二層、第三層樓呢？修煉不僅要由淺入深，循序漸進，不可逾越，而且要有明師傳授方有可能。

太極拳那些經論著作，初學太極拳時已經學過，至今要進一步修煉，要探求太極拳的至高境界，還離不開那些經典理論做指導，只是我們深層次地理解它，逐字逐句地

體悟，使功夫上身，卻不是一件容易的事情，即所謂「言之易，行之難」。

首先，太極拳是中華傳統文化的載體，它產生於中華傳統文化深厚的沃土之中，汲取著傳統文化的養汁而成長、發展。太極拳是東方的哲學，太極拳先賢們的經論之中蘊含著豐厚的傳統哲學、儒學、道學、佛學、醫學、武學思想，唯有在中華傳統文化的指引下加深對太極拳先賢們的經論、妙訣的理解，才能逐漸體悟到太極拳的至高境界，使我們透過太極拳修煉精、氣、神，達到性命雙修的目的。

其二，是修煉的方法問題。深層次練功依舊照「以外（形體）帶內」的初級練法繼續練拳，這只能稱之為鍛鍊，還沒能上升到修煉的層面上來。在初級練功有成的基礎上，將「由外帶內」的方法變成「由內帶外」的方法，即以神意收斂內氣，引得真氣之動，由神和氣作主導運化形體的練法。這種「以心制意，以意行氣，以氣運身」的方法，就是「拳道合一」「返璞歸真」的高級修煉拳法。古人云：「要得道，先得法。」正確的修煉方法是探求太極拳奧秘的階梯，方法對頭，習練者持之以恆，自可得道。

無論練哪套太極拳，要想步入太極拳的至高境界，脫離上述進階之法，都是徒勞的。

楊式內傳太極拳家手，正是用高級修煉法來練習的。要深層次練功，首先遇到的就是一個「由鬆入柔」的問題。鬆是進入柔的一種手段、一個途徑。深層次地鬆又是一層重要的太級拳功夫，鬆得越透、柔得越妙。家手練習

只要遵循以下要求，就能獲得深層次的鬆。

（一）外鬆形體

1. 頂頭豎項

微收下頜，項部豎正直，頭頂百會穴有微微上提之意，神貫於頂，使身體有向上拉的意，產生拔長感，要用內意，自然而然，不可用力。《十三勢行功心解》云：「精神能提起，則無遲重之虞。」即常說的頂頭懸。

另外，還要求口輕閉，齒輕合，舌舔上腭，耳靜聽，兩目平，神內收。

2. 鬆上肢

①鬆肩：鬆開肩關節，不可端聳。要求肩井穴、肩髃穴、扶突穴都要鬆開下沉，兩臂自然下垂，但不可夾腋，兩腋要虛起，能夾一拳。肩的鬆沉，要使肌肉、骨節、經穴、用意一起鬆沉，不可用力。

②鬆肘：鬆開肘關節。肘宜微屈，不宜挺直，內意注曲池穴、尺澤穴、少海穴等，注過即有鬆而脹、脹而空的感覺。

③鬆腕、鬆指：腕、指關節自然放鬆，不可用力強直，意稍用於內外勞宮穴即可。手產生鬆沉、鬆脹、鬆空不同層次的感覺。

3. 鬆軀幹

軀幹包括胸、背、肩、肋、腰、腹、臀和尾閭部位。

①含胸拔背：含胸拔背是指軀幹的上半部分前後相對應的兩個方面。一是前胸虛而不實、不憋氣、不努勁、自然不挺放鬆，意含使內中空而散，空空洞洞。含胸切忌胸部用力向內凹，造成駝背狀，既影響呼吸的順暢，又影響「力由脊發」。一切要舒適順暢，自然而然，把握好無過不及的中和之度。二是用意將肩部向兩側鬆開，將脊柱兩側肌肉鬆開，從脊椎的大椎穴往下經陶道、身柱、神道、靈台、至陽、筋縮、中樞至脊中，諸穴用意鬆開又虛虛上拔，再加之收下頜領頭豎項，精神領起，背部則自然有向上提拔之感，這種拔背的作用與腰部的鬆和斂臀收尾閭關係密切。

若胸不含則挺，背必無上拔而緊。含胸宜於氣沉丹田；拔背使氣貼於背（即提督脈）。「能含胸自然能拔背，能拔背則力由脊發，所向無敵也」《太極拳術十要》。

②鬆腰：腰部運動有承上啟下、蓄勢發勁、虛實轉換的重要地位和作用，所以《三十七心會論》中將腰脊定為「第一之主宰」。又有「以腰為軸」和「腰為纛」及「源動腰脊轉股肱」的提法。從形體動作上講，背、腰、臀、尾是相關聯的。鬆腰由脊中、懸樞、命門、陽關、腰俞、長強諸穴用意鬆開，使脊柱節節鬆沉而又虛虛對準，用意將命門穴微微向後撐。

③斂臀：在鬆腰的同時斂臀，即脊柱尾骨根向前托起丹田。從頭至尾略有上下對拉的感覺，斂臀、鬆腰、拔背、領頭，用意將氣從脊柱往上提，即提督脈，氣遍全身，神貫於頂。含胸鬆腹即鬆任脈氣沉丹田，舌尖輕舔上

腭起到接通督、任二脈的搭橋作用，使得小周天暢通，這是修煉中至關重要的一環。此外，由頭頂百會穴至襠中會陰穴，上下保持一條垂直線，即身體的重心軸線，這條垂直軸線是中空的，是有性無形的，是很重要的。它不僅能保持身體在運動中的平衡，立如平準，活似車輪，支撐八面，而且這條軸線穿過丹田，受控於神意的內氣運化。在鬆靜中可明顯地體會到體內從上到下有這樣一條有性無形的中心氣軸，並且圍繞著丹田而不是腰脊來完成動作。

4. 鬆下肢

下肢包括胯、襠、膝、足部位。

①鬆胯圓襠：鬆開髖關節，用內意將會陰穴虛虛上提，將兩胯根微向內抽縮，同時做到上提二陰（肛門和前陰）有如忍便狀。鬆胯與斂臀、提肛同時完成，使襠合住勁，即「鬆胯圓襠」之說。「襠」即會陰穴部位，中醫經絡學認為督任二脈俱起於會陰穴。頭頂百會穴的「虛領頂勁」要與會陰穴上下相呼應，是保持「中正安舒」和「上下一條線」的練功方法。鬆開胯關節是很重要的，因為胯是腰腿的轉關之處，關節不鬆開，動作就不靈活，腰腿也就很難相順相隨。

②鬆膝：膝關節在保持彎曲狀態下要微向內合，使膝尖與腳尖上下相對，用內意引內氣過膝至足，使膝關節既有力又靈活。

③鬆足：用內意鬆開腳踝關節，引氣下行到腳心湧泉穴，內意將湧泉穴虛提含空，使兩腳像吸盤一樣吸附在地上。此時的腳趾不是舒展平直的，而是有微微的屈抓感。

但在動作時還要「邁步如貓行」，輕靈不浮，沉穩不僵。舉動輕靈無聲，是內在神意；虛實分明為用，是外在的變化。

（二）內鬆心意

1. 氣沉丹田，呼吸以踵

初練太極拳時皆是自然呼吸，自然呼吸也是緩、慢、勻、長的腹式呼吸的基礎，是隨著鬆胸、含胸、拔背的同時用意將膈肌鬆開，使濁氣下降，內意自華蓋、膻中、鳩尾、上脘、中脘、建里、下脘、水分、神闕、陰交、氣海至石門諸穴鬆開，並虛虛含住，使內氣沉入丹田，即鬆任脈氣沉丹田。放鬆沉氣皆是用意，即所謂「心氣一下周身之氣無不俱下」。

氣沉丹田，自然而然，不可用拙力憋氣下壓。心中內意下照湧泉，湧泉之氣自下而上，合於會陰，歸於丹田，與神意相交，運貫全身，暢達四肢。練拳盤架時，吸氣由湧泉上行過會陰入督脈再逆行向上達頭頂百會穴，神貫於頂；呼氣時沿任脈下行，息息歸丹田。一呼一吸，如此週而復始地進行，莊子曰：「真人呼吸以踵。」修煉太極拳高層功夫，亦是要以「呼吸以踵」。

2. 全身放鬆，打開毛孔

在鬆氣、鬆胸、氣沉丹田的同時，用意將內氣從肩井穴向下鬆沉，經兩肋護肫處，使胸、肋兩側肌肉鬆開，將內氣向下行至腳心湧泉穴，身體出現鬆沉感。隨著呼吸以

踵，用意打開全身毛孔，身體有內外通透、向外擴展，並有鬆空虛無的感覺，此時，無內無外，內外如一，與太空通體，達到「天人合一」的境界。

全身放鬆不可用一絲拙力，凡此皆是意，並且要把握好「不過不及」的中和之度。「中」是貫穿太極拳始終的指導思想，包括對「鬆」的功夫。不鬆則僵，鬆不透則滯，鬆過了內無神意是為懈，懈者軟斷無力無輕靈，內中消息（由放鬆入靜配合調息所產生的「信息波」或稱「能量流」）全然無有。

鬆懈了、鬆不開、鬆不透都是沒有把握好深層次放鬆的要領、沒有達到「放鬆功夫」的「中」字要求。所以，學好放鬆功夫就要掌握好「不過不及」的「中」。

3. 神舒體靜，靜中求動，動後歸靜

放鬆功夫不僅僅是形體上的，更重要是心理上的。心理上的放鬆可以促進形體的放鬆，形體的放鬆反過來又會促進心理上的平靜。腦子裏存有許多事情，思緒繁雜，此起彼伏，心裏面就靜不下來，形體就很難鬆開。反之，身體能放鬆一些，心理就更容易獲得寧靜和平衡。身心內外放鬆都是憑心意來完成的。修煉太極拳高層次功夫，就是對心意的修煉。

太極拳的初級練法，對心理的要求即「心除雜念，平心靜氣，萬念歸一」，初想外形狀態是否符合要求，次想內意周身上下內外的協調，再想每個動作中技法的變化，最後達勢正氣順、鬆靜自然、內外合一、套路嫺熟。六祖《壇經》曰：「本來無一物，何處惹塵埃。」佛家入定之

門，總由制心一處下手。什麼是心？中醫《臟腑論》曰：「心者一身之主，君主之官，有血肉之心，形如未開蓮花，居肺下肝上是也；有神明之心，神者氣血所化，生之本也。萬物由之盛長，不著色象，謂有何有，謂無複存，主宰萬事萬物，虛靈不昧者是也，然形神恒相同。」《靈樞‧邪客》曰：「心者，五臟六腑之大主也，精神之所舍也，其臟堅固，邪弗能容也；容之則心傷，心傷則神去，神去則死矣。」

這裏所說的「心」有兩層意思，一說「心」是臟器，是五臟六腑之大主，是「一身之主，君主之官」，是「精神」居入的「房舍」；二說「心」有神明之心，「心藏神」。《素問‧宣明五氣篇》指心具有主管人的精神、意識、思維活動的功能。人的精神活動是大腦的生理功能，即大腦對外界事物所產生的反應。中醫將人的精神活動分屬於五臟，而主要歸屬於心藏神的功能。「臟器心」與「神明心」的關係就像人與房舍的關係，神明住進了心殼，就像人住進了房子，房子壞了就要維修，心殼若出了問題就要醫治，房子壞得嚴重了就要廢棄或重建，而心殼嚴重損傷無法醫救，神明就會棄之而去，心殼即死，這充分說明心臟與神明是共存相依的關係。

張無夢居士云：「心在靈關身有主，氣歸元海壽無窮。」彭鶴林云：「神室既是此靈台，中有長生不死胎。」佛學曰：「佛在靈山莫遠求，靈山只在汝心頭，人人有個靈山塔，好向靈山塔下修。」

心要安，意要靜。什麼是「意」？意者，心之思也。心有所思，意則會有所念。心若不動，意無念波。心動驅

使意動，心動意隨則為心意相合。故心安寧，意自靜，心
甯神甯，神甯清靜，清靜氣行，氣行則神氣相通。

練太極拳要求動中求靜、動靜合一、視動猶靜、視靜
猶動，靜中觸動動猶靜，身雖動、心貴靜。「靜」是練功
時非常重要的基礎功夫。如何使心安靜下來？如何做好這
一基礎功夫？

龍虎經云：「至妙之要，先存後忘，即先存之後虛其
心，次忘之，以廓其量，隨處隨時無礙自在正合此。」
「心安則意不思，意不思則念不起。」《性命圭旨》曰：
「念頭不起為靜，身中無物為虛。」所以，修煉常講要
「鎖住心猿拴意馬」。因為心動意即動。如何做到「心定
神凝」「心平氣和」？《性命圭旨》曰：「欲伏其心，先
攝五賊，外息諸緣，內絕諸妄。」即調七情、絕六慾。要
斂眼神、凝耳韻、調鼻息、緘舌氣、四肢不動，使眼、
鼻、舌、身、意各返其根，則精、神、魂、魄、意之五靈
各安其位，內守其心。

《太極拳實用秘笈》曰：「謹閉五賊，即謹於眼，則
目不外視，而魂歸於肝。謹於耳，則耳不外聽，而精歸於
腎。謹於口，則對合不談，而神歸於心。謹於鼻，則鼻不
嗅，而魄歸於肺。謹於意，則用志不分，而意歸於脾。
精、神、魂、魄、意，心、肝、肺、脾、腎，金、木、
水、火、土，耳、目、口、鼻、意攢簇，各歸其根，各復
其命，則天心自見，神明自來，必有特別感覺發現，而自
與凡人不同矣。」在生活中還要調整好自己的情志。

《素問·陰陽應象大論》曰：「心，在志為喜，肝在
志為怒，脾在志為思，肺在志為憂，腎在志為恐。」人體

情志變化的異常會導致氣機逆亂，從而造成臟腑機能失調和損傷。人人都處在有七情的社會環境中，「若當喜而喜，當怒而怒，當憂而憂，是即喜怒哀樂發而皆中節也。此天下之至和」，不會因七情而傷身。「惟未事而先意將迎，既去而尚多留戀，則無時不在喜怒憂思之境中，而此心無複有坦蕩之日，雖欲不傷，庸可得乎？七情之傷，雖分五臟，而必歸本於心」。所以，修煉者對七情的處理要「發而皆中節」，把握適「中」不可過，才不傷身體，不影響練功，協調不爭而心平性和，便可靜。

　　王方平的「胎息訣」云：「凡所修行，先定心炁，心炁定則神凝，神凝則心安，心安則氣升，氣升則境妄，境妄則清靜，清靜則無物，無物則命全，命全則道生，道生則絕相，絕相則覺明，覺明則神通。」心靜如止水，水靜則明澈無波，心靜則氣和神明。《清靜經》云：「人能常清常靜，天地悉皆歸。」心靜到深層次達到「虛靜空靈」的境界，就會產生「靜極生動」的內動。

　　太極拳的高層次修煉就要靜起靜收，先從無極始，先有心意的空空靜靜、虛靜空靈之境界，後有內動自生，以神意（心）制動，主導氣行，再帶動肢體而動。形隨意動，動後順遂。最後盤完架子，將氣引收於丹田，萬籟俱宿，即動後歸靜。老子云：「夫物芸芸，各復歸其根，歸根曰靜，是曰復命。」即此返本還原，復歸無極。

　　以上所述的高級修煉法，不是專對修煉家手拳而言，無論修煉哪一套拳架，當練至相當程度，皆應採用高級修煉法繼續探求太極拳的奧秘，以求達到至高境界。

033

楊式內傳太極拳
家手的風格特點

太極拳家手是楊式內傳太極拳體系中的第二路拳，從拳路結構上看與第一路拳正路子（108式）大體一致，從拳式變化上看，加手拳在拳路中多了許多招式，在兩式連接處兩手常以抱球運轉，使拳式之間的轉換更加圓活。

主要以內氣帶動形體的運作，提高腰部的轉動和下肢功力為主，由鬆入柔，運柔成剛，漸至輕靈不浮，沉穩不僵。動作柔緩，練完一套拳不少於45分鐘，其技術要求在正路子（108式）的良好基礎上，再嚴格細膩地遵照楊澄甫先生的「太極十要」內容進行鍛鍊，「十要」即虛領頂勁、含胸拔背、鬆腰、分虛實、沉肩墜肘、用意不用力、上下相隨、內外相合、相連不斷、動中求靜。

以下僅就家手與正路子相比較，簡述楊式內傳太極拳家手的風格特點。

（一）抱球運圈多

以「太極起勢」為例，家手拳在身前抱球之後多了向

左右轉腰運球和揉球。左前掤之後和右掤之後都多了在上、中、下搖化三個圈的「三環套月」。「提手上勢」換式到「白鶴亮翅」中間多了兩手向內轉一圈的「海底撈月」和兩手向外轉一圈的「燕子抄水」。

這些抱球運圈的動作螺旋纏繞，勢勢相連，綿綿不斷，進退轉換，往復折疊，纏絲環繞，大圈小圈，圈圈相連，環環相扣，均勻柔緩。在家手拳中將這種鍛鍊內纏絲圈的方法作為增進意與氣鍛鍊的重要方法和手段。要求在盤架子中時時處處專心做好內纏絲，以此來引導意與氣的鍛鍊，以推動外纏絲圈的運行，成為家手拳的第一大特點。

此特點在拳套中多有體現，使拳式之間的轉換更加圓活，「無使有缺陷處，無使有凸凹處」。

（二）手法變化多

家手中有許多手法（招式）不同於以往的練法，手法變換較多。例如：攬雀尾中「擠」的動作就變成了「車輪擠」，「挒」的動作變成了「纏挒」；提手上勢中的「虛步合提」變成了「左右採挒」和「左採右托提」；摟膝拗步中按出的前手多了一個「補氣發放」的動作；進步搬攔捶變成「托挒下勢搬攔捶」；玉女穿梭兩手先做前掤，隨著變成平圈搖化時再一手上托架、一手前按掌；特別是雲手三節各不相同，第一節雲手如常，第二節雲手變成「左右上下雲手」，第三節雲手則變成「遮陰亮肘雲手」……

（三）拳套招式多

「家手」，顧名思義即楊氏家裏傳的手法，在拳套中

不僅有很多左右式練法，而且還有很多新的招式，故也有
人稱其為「加手」。例如：「三環套月」「左右托掃」
「燕子抄水」「陰陽連珠掌」「進步劈掌」「左右橫圈
手」「倒步撩陰」「掛樹蹬腳」「反斜飛勢」「左右穿
枝」「左顧右盼中定」「採挒肘靠」「撲面掌窩心捶」
「大車輪掌」等，全套約增加七十個式子（包括左右
式），大大拓寬了拳套動作內容，且新穎別致、招式圓
活、順暢自然，使習練者從原有的鍛鍊模式中解放出來，
得到充分全面的鍛鍊。

（四）左右移重多

家手拳套中隨著上肢、上體的收發、開合、進退、引
擊、打化、蓄放、屈伸等變化的需要，下肢與其相隨相
合。左右移重虛實的變化，就是所謂「靈動變虛實」「單
輕則靈」的下盤功夫的具體練法，也是拳中一處自有一處
虛實、處處均有一虛實的體現。

透過左右反覆移重運作，以腰為軸，旋腰轉脊、螺旋
纏繞的鍛鍊，既保持身體中正自然，又使腰部和下盤功夫
得以提高。

（五）進退弧形步

練家手拳，不管兩腳在進步、上步、搬步，還是退
步、撤步，都要走弧形步。運動中若後腳向前上步或連續
進步時，先將後腳弧形提收至前腳內側，隨即弧形向前邁
出。反之，退步、撤步亦如此。避免直線進退，以便腰部
旋轉運作的需要。進退走弧步，身體仍然要保持中正安

舒，不可仰俯倚斜，手腳上下相合，動作柔緩均勻，虛實變化得體，輕靈圓活自然，沉穩不僵。

（六）內氣纏繞多

由於抱球運轉多、手法變化多、左右移重多、套路招式多，旋腰轉脊螺旋纏繞自然就多，以致拳套動作「以心行氣」「以氣運身」「氣遍身軀」「行氣如九曲珠、無微不利」，內氣纏繞旋蕩，不緊不滯，細膩圓活。內氣纏繞即是內纏絲圈。

內纏絲圈與外纏絲圈是有區別的。楊式內傳太極拳在練內纏絲圈時，要求習練者想著將百會穴穿過丹田至會陰穴上下連接起來一條有性無形的氣軸，當做懸垂於地面的一支筆，用神意秉持著這支筆在腹內三維空間裏旋轉畫圓，使其圍繞著「∞」字形的路線做任意方位的纏繞運動，而胯、膝、踝關節相隨相適地揉動。這由一個順時針圈和一個逆時針圈由丹田首尾相連組成「∞」字形圈就是楊式內傳太極拳家手所要練的內纏絲圈。與此同時身體隨同這支筆的旋轉而轉動，並帶動肩、肘、手在外部畫圓，肩、肘、手所畫出的圓即為外纏絲圈。

在拳架練習中，每當外部畫出一個完整圓（外纏絲圈）的同時，身體內部的這支筆就會畫出方向相反的兩個完整小圓（內纏絲圈），並且不論外部如何畫圓，也不論畫的是平圓、立圓、斜圓，身體內部這支筆始終都是繞著「∞」字形畫圈。也就是說在盤架子的練習中，外纏絲圈走圓形圈，內纏絲圈走「∞」字形圈，這就是楊式內傳太極拳家手的基本運動規律。

非常奇妙的是，如果將內纏絲圈和外纏絲圈兩個運動軌跡重疊一起，所合成的圖像竟然就是一個太極圖。所以，妙手一運一太極，拳中無處不太極。家手拳內氣纏繞多是為了把內纏絲圈與外纏絲圈練出來，並且銜接得沒有縫隙，內外纏絲圈的運行協調一致。

（七）轉腰幅度大

家手要求「心為令，氣為旗，腰為軸，先求開展，後求緊湊，乃可臻於縝密矣」。勢架開展，使腰旋轉的幅度較大。

例如：弓步單鞭，左掌隨上體向左轉一個大圈，上體轉向左側，左掌轉到左胸前再呈下弧線向前推出，此時腰向右微轉向左前45°方向。

又如：左右摟膝拗步，托拶時轉體向後，然後再換手托拶隨即轉體變左側托拶，反覆轉體180°。

再如三環套月、左右托拶、托拶下勢搬攔捶等，轉腰的幅度都較大，都能很好地鍛鍊腰部，並能更好地使身體鬆下來。

轉腰須注意先求開展，使氣身圓滿完整，內氣在腹中運動的幅度大，轉腰的幅度也就越大，「以內導外」的時間也就得到延長。

（八）盤練時間多

家手動作速度要比第一套拳正路子稍慢一點，再加之多了許多動作，打完這套拳要求不少於45分鐘，切不可心急煩躁，形神不合，草草打完。

練太極拳以養心定性、聚氣斂神為主。「若心不能安，性即擾之。氣不外聚，神必亂之。心性不相交，則全身之四體百脈，莫不盡死，雖依勢作用，法無效也」。

　　練太極拳「先在心，後在身，腹鬆氣斂入骨。神舒體靜，刻刻在心」「以心行氣，務令沉著，乃能收斂入骨。以氣運身，務令順遂，乃能便利從心」「全身意在蓄神」。盤架子練的時間長就是將「靜心」的時間延長，將「以心行氣」「以氣運身」「全身意在蓄神」的時間延長，將每動緩緩練，做到氣身圓滿完整、頭尾貫穿一氣、相連不斷、內外相合、動中求靜、用意不散，細心體會體內微妙變化。一點點微小的動靜都不讓它浮滑過去，只有靜心緩慢練習才能做到，只有盤練時間長才能練出意想不到的效果。

　　家手是楊式內傳太極拳體系中的中級拳架，是提高內外功力的關鍵一環，習練者不可輕視，需要變換一種心態來登上這步階梯。

　　家手拳套完整重現了楊式內傳太極拳的原始套路，原汁原味，其風格獨特、內容豐富、手法多變、招式新穎、圓活順暢、輕靈自然，大大拓寬了拳路動作內容，在動作形態上新穎別致，使習練者從原有的練習模式中解放出來，為研究、繼承和發展太極拳提供了一個嶄新的視角。

　　透過對家手拳的練習，逐漸掌握內纏絲圈和外纏絲圈功夫，為進階楊式內傳太極拳小快式這套高級拳法打好堅實基礎。

楊式內傳太極拳
家手拳譜名稱

041

第一三二式　左採挒右肘靠
第一三三式　右採挒左肘靠
第一三四式　左採挒
第一三五式　反右斜飛勢
第一三六式　左斜飛勢
第一三七式　反大車輪掌
第一三八式　提手上勢
第一三九式　左顧右盼中定
第一四〇式　海底撈月
第一四一式　白鶴亮翅
第一四二式　陰陽連珠掌
第一四三式　左摟膝拗步
第一四四式　海底針
第一四五式　扇通背
第一四六式　轉身右白蛇吐
　　　　　　信
第一四七式　左穿枝
第一四八式　左白蛇吐信
第一四九式　右穿枝
第一五〇式　右白蛇吐信
第一五一式　右單峰貫耳
第一五二式　撲面掌窩心捶
第一五三式　進步搬攔捶
第一五四式　上步攬雀尾
第一五五式　左右托挒
第一五六式　單　鞭

第一五七式　遮陰亮肘雲手
　　　　　　（一）
第一五八式　遮陰亮肘雲手
　　　　　　（二）
第一五九式　遮陰亮肘雲手
　　　　　　（三）
第一六〇式　單　鞭
第一六一式　高探馬帶穿掌
第一六二式　轉身右擺蓮
第一六三式　退步左擺蓮
第一六四式　十字腿
第一六五式　落步右摟膝
第一六六式　右托挒指襠捶
第一六七式　上步攬雀尾
第一六八式　左右托挒
第一六九式　單　鞭
第一七〇式　進步右劈掌
第一七一式　左穿掌蛇身下
　　　　　　勢
第一七二式　上步七星
第一七三式　退步跨虎
第一七四式　轉身白蛇吐信
第一七五式　雙擺蓮
第一七六式　右彎弓射虎
第一七七式　進步右彎弓射
　　　　　　虎

四

楊式內傳太極拳
家手套路圖解

第一式　預備勢（無極勢）

面向正南方，兩腳並立，腳尖朝前，兩腿自然微屈；兩臂垂於體側，兩腋虛起，兩掌中指尖對準褲腿側縫，五指自然伸直，輕貼於大腿兩側，身體放鬆直立；眼向前平視。（圖1）。

【要點】虛領頂勁，氣沉丹田，尾閭中正，沉肩墜肘，身體自然放鬆，中正安舒；口微閉，齒輕合，舌尖上捲，輕舔上腭；心靜神明，呼吸自然。

【註】如套路圖解中個別動作圖片的方向、角度有些偏差，應以文字為準。

第二式　太極起勢

①兩腿屈膝微蹲，身體重心移至右腿，左腳向前（南）邁出一步，腳跟先著地，隨之腳掌落地；身體重心移至左腿，右腳跟至左腳內側向右橫開一步，

圖1

圖2

圖3

圖4

與肩同寬，兩腳平行站立，腳尖朝前，
兩腿自然直立，身體重心落於兩腳中
間；隨即兩臂內旋向前平舉，與肩同寬
同高，兩臂微屈，肘尖下垂，鬆肩墜
肘，掌心朝下，掌指自然伸直分開，指
尖朝前；眼平視前方。（圖2—圖4）

圖5

②身體往下慢慢屈膝微蹲身；同
時，兩肘下沉帶動兩掌隨體向下按至腹
前，與胯齊平，指尖朝前，掌心朝下；
眼向前平視，神注兩掌。（圖5）

【要點】身體中正，沉肩墜肘，含
胸拔背，氣沉丹田；兩臂自然彎曲，兩腋虛起，兩掌根微
下沉，五指自然分開，兩虎口遙相對，動作協調一致。

圖6　　　　　　　圖7　　　　　　　圖8

第三式　揉太極球

①上動不停，內氣沿逆時針方向旋轉；同時，右掌向上弧形移至胸前，前臂與地平行，肘部略低於腕，掌心朝下，指尖朝左；左臂外旋翻掌弧形移至腹前，掌心朝上，指尖朝右，兩掌心相對，成抱球狀；眼平視兼顧右掌。（圖6）

②內氣向右旋轉，帶腰右轉；同時，兩掌抱球隨腰右轉90°，隨之身體轉向西；眼神隨視右掌。（圖7）

內氣沿順時針方向旋轉；同時，左臂內旋翻掌由下往上弧形移至胸前，掌心朝下，指尖朝右；右臂外旋翻掌由上往下弧形移至腹前，掌心朝上，指尖朝左前，兩掌心相對，成抱球狀；眼神轉顧左掌。（圖8）

圖9　　　　　　　　　圖10

③內氣向左旋轉，帶腰左轉；同時，兩掌抱球向左轉180°，身體轉向東；眼隨視左掌。（圖9）

內氣沿逆時針方向旋轉；同時，左臂外旋由上往下弧形移至腹前，掌心朝上，指尖朝右前；右臂內旋由下往上弧形移至胸前，指尖朝左，兩掌心相對，成抱球狀；眼神轉視右掌。（圖10）

內氣向右旋轉，帶腰右轉成面向西南；右腳以腳跟為軸前腳掌向外碾轉，腳尖朝西南，重心移至右腿，右腿屈膝微蹲；同時，兩掌抱球不變，隨腰轉動一直在胸前；眼隨視右前。（圖11）

【要點】揉太極球時，內氣緩慢均勻的旋轉，兩掌始終成抱球狀，由腰帶動左右運揉轉動，動作舒緩，圓滿均勻，連綿不斷，以內帶外，協調一致，做到輕、靈、沉、穩，不急不躁，鬆靜自然，中正安舒。

圖11

圖12

第四式 攬雀尾

1. 左 掤

①上動不停，內氣繼續向右微轉，隨即沿順時針方向旋轉，帶腰向右微揉轉；左腳收至右腳內側，前腳掌虛點於地；同時，左臂內旋呈弧形舉至胸前，前臂與地平行，肘部稍低於腕，掌心斜朝上，指尖朝右；右掌呈弧形向下、向後沉，比左掌稍低，掌心斜朝前下，指尖斜朝前，兩掌心斜相對，成抱球狀；眼神隨視右掌，後轉向前平視。（圖12）

②內氣左旋，腰向左轉；左腳向前（正南）弧形邁出一步，腳跟先著地，身體重心前移，前腳掌落地，左膝前

圖13

圖14

弓,右腿自然伸直,成左弓步;同時,兩掌抱球隨重心前移弧形向前掤出,左腕與肩平,肘稍低於腕,掌心斜朝上,指尖斜朝右;右掌坐腕向下按至腹右側,掌心斜朝前,指尖斜朝上,成抱球狀;眼神隨視兩掌,即轉向前平視。(圖13、圖14)

【要點】掤出時,兩掌隨內氣旋轉掤出,鬆肩墜肘,含胸拔背,頭有頂領之意,兩臂撐圓,身體保持正中。

2. 左三環套月

①內氣沿逆時針向左平旋轉,腰隨之左轉;左肘下沉,前臂豎立,掌心朝右,指尖朝上;右肘下垂,屈臂立掌,掌心朝左,指尖朝上,兩掌心相對,成抱球狀;同時,腰帶兩掌向左弧形移至東南,兩掌在臉前,距離稍寬於臉。(圖15)

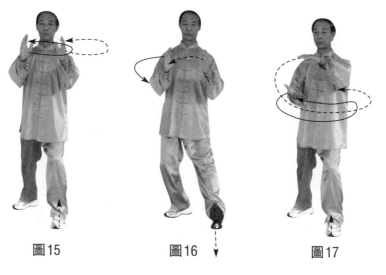

圖15　　　　　　　圖16　　　　　　　圖17

　　內氣繼續左旋轉，身體重心移至右腿，右腿屈膝坐重，左腳掌抬起，腳跟著地，成左虛步，身體隨之轉向正南；同時，兩掌抱球不變，呈弧形隨轉體至胸前；眼神隨視兩掌。（圖16）

　　②內氣向右旋轉，帶腰右轉；右掌隨之弧形移至腹前，掌心朝上，指尖朝左；左掌內扣弧形移至胸前，掌心朝下，指尖朝右，兩掌心相對，成抱球狀。
　　內氣繼續逆時針向左旋轉，帶腰左轉；隨之右腿伸直（略曲），身體重心前移，左前腳掌落地，左膝前弓，成左弓步；同時，兩掌抱球向前轉至正（南）；眼隨視兩掌。（圖17）

　　③內氣繼續向左旋轉，帶腰左轉；隨之身體重心移至

右腿,屈膝坐重,左前腳掌抬起,腳跟著地,成左虛步;同時,左掌隨轉腰弧形移至左腹前,掌心朝裏,指尖朝下;右掌內轉隨轉腰弧形移至右腹前,掌心朝裏,指尖朝下,身體轉向正南;眼隨視前方。(圖18)

圖18

【要點】內氣不斷運轉,以內氣運身,周身柔軟靈活,內外協調一致,上下相隨,連綿不斷,以腰為軸,三環套月動作要圓滿,無凸凹之處,三圈旋轉如螺旋,保持身體中正,不可前俯後仰,不可左搖右晃。

3.左 掤

①上動不停,內氣向右旋轉,帶腰右轉;同時,左掌外轉弧形托至胸前,前臂與地平行,肘部稍低於腕,掌心斜朝上,指尖朝右;右肘弧形移至右肋側,右掌坐腕下按,指尖斜朝上,兩掌斜對,成抱球狀;眼神先顧左掌後顧右掌,即轉向前平視。(圖19)

②內氣左旋,帶腰左轉;身體重心移至左腿,前腳掌落地,左腿屈膝前弓,右腿自然伸直,成左弓步;同時,右掌隨左掌向左前方弧形掤出,左腕與肩平,掌心斜朝上,指尖朝右;右掌心斜朝前,與左掌相對,成推球狀;眼視左掌前方。(圖20)

圖19

圖20

圖21

【要點】與本式中 1. 左掤相同。

4. 托 捋

①內氣向左旋轉，帶腰左轉；同時，左掌隨腰外旋弧形前伸，掌心朝上，指尖朝前（南），肘微下垂；右掌弧形移至左肘內側，掌心朝下，指尖朝前，成托捋勢；內氣繼續向左旋轉，帶腰左轉一個大圈，隨之兩掌逆時針抹一圈；眼視左掌前方。（圖21）

②內氣繼續逆時針向左旋蕩隨之右轉，帶腰逆時針揉蕩一圈隨之右轉；右前腳掌外展，腳尖朝西南，身體重心移至右腿，右膝屈蹲；左前腳掌翹起；同時，兩掌隨身體後移經頭前向右下方弧形托捋移動，屈臂沉肘；眼隨視兩掌。（圖22）

圖22　　　　　　　　　圖23

　　【要點】托捋時，雙掌隨內氣旋轉緩慢轉化，有引托之意，身體保持中正，沉肩墜肘，頭頂要平。

5.右　掤

　　①內氣左旋，帶腰左轉；左前腳掌內扣45°踏實，身體重心移至左腿，左膝屈蹲，右腳收至左腳內側虛點地；同時，右臂外旋弧形移至腹側，掌心朝上，指尖朝左；左臂內旋弧形移至胸前，掌心朝下，指尖朝右，成抱球狀；眼隨視右前方。（圖23）

　　②內氣向內旋轉，隨之收尾骨團身；左膝微屈，左掌弧形向後下移，右掌弧形向上移，兩掌心相對；內氣向前旋蕩，帶腰右轉，右腳向前（西）弧形邁出，腳跟先著地，隨之向右腿移重，前腳掌落地，右膝前弓，成右弓

（四） 楊式太極拳家手套路圖解 ◀ ◀ ◀ ◀ ◀

圖24　　　　　　　　　　　　圖25

步；同時，左掌隨右臂向前弧形掤出，與肩同高，肘稍低
於腕，右掌心斜朝上，指尖朝左，兩掌心斜相對；眼隨視
兩掌，即轉向右掌前方。（圖24）

6. 右三環套月

①內氣向右旋轉，帶腰右轉，身體轉向西北；同時，
右臂垂肘內旋弧形立掌至頭前，掌心朝左，指尖朝上；左
掌外旋立掌弧形移至頭前，掌心朝右，指尖朝上，兩掌心
相對，成抱球狀；眼隨視兩掌，即轉向前平視。（圖25）

②內氣繼續順時針右旋，帶腰微向右揉轉；同時，身
體重心漸漸移至左腿，左腿屈膝坐重，右前腳掌翹起，成
右虛步，身體轉向正西；同時，兩掌抱球不變弧形轉至胸
前。（圖26）

圖26

圖27

③內氣左旋，帶腰左轉45°，面向西南；同時，右臂內旋弧形移至胸前，左臂外旋弧形移至腹前，掌心朝上，指尖朝右，與右掌心相對，成抱球狀；內氣右旋，帶腰右轉，身體重心移至右腿，右前腳掌落地，屈膝前弓，成右弓步，身體轉向正西；兩掌抱球不變，隨之轉正（西）；眼隨視兩掌。（圖27）

④內氣右旋，帶腰右轉45°；身體重心移至左腿，右前腳掌翹起，成右虛步；同時，左右臂弧形移至腹前，兩掌心朝內，指尖朝下；眼神隨視兩掌。（圖28）

【要點】與本式中2.左三環套月相同。

7. 右 掤

①內氣左旋，帶腰左轉；同時，左掌弧形掤至胸前，

圖28

圖29

與肩同高，掌心朝下，指尖斜朝
前；右掌外旋弧形抄至腹前，掌
心斜朝上，指尖朝左，兩掌心斜
相對，成抱球狀；眼隨視兩掌，
即轉向前平視。（圖29）

②內氣向右旋蕩，帶腰右
轉；身體重心向前移至右腿，前
腳掌落地，右腿弓膝，成右弓
步；同時，左掌隨右臂向右前方
弧形掤出，高與肩平，右掌心斜
朝上，指尖朝左，兩掌心斜向相

圖30

對，成抱球狀；眼神隨視兩掌，即轉向前平視。（圖30）

【要點】與本式中的 1. 左掤相同，唯動作方向相反。

圖31

圖32

8. 左穿掌右纏捋

①內氣左旋，帶腰左轉；同時，右臂外旋屈肘弧形移至身前，掌心朝內，指尖朝左；內氣右旋，帶腰右轉，左掌外旋擦著右前臂內側斜向前穿出，掌心斜朝上，指尖斜朝前；眼先顧右掌後顧左掌，即轉向前平視。（圖31）

②內氣向左旋轉，帶腰左轉；同時，左臂內旋翻掌，掌心朝右，抽回至右胸前，指尖朝前；右臂內旋弧形托至右肩前，右臂前伸，肘尖、掌心朝外；眼視右手前。（圖32）

內氣向右旋轉，帶腰右轉；同時，右掌斜向轉一圈成立掌，掌心朝左，指尖斜朝上；左掌順時針方向轉一個小圈成立掌置於右肘部，成捋勢；眼隨視右手，即轉向前平視。（圖33）

圖33

圖34

③內氣向左旋轉，帶腰左轉；身體重心移向左腿，左腿屈膝坐重，右前腳掌翹起，成右虛步；同時，兩掌弧形由右向左下方弧形下捋，右掌捋至胯前，掌心朝左，指尖朝前下，左掌捋至胸前，掌心斜朝下，指尖朝前；眼神隨視兩掌。（圖34）

【要點】左穿掌右纏捋時，以內氣旋轉帶動全身完成整個動作，內外協調一致。左穿掌時內氣向左旋轉隨右前臂向內滾壓，要有弧形，含胸右胯向內合，圍身內收尾骨，內氣向右旋轉，隨之向右轉腰；左掌向前穿出，頭有上領之意。

整個動作要在內氣的帶領下細膩圓滿、柔活順暢、不可輕浮滑過、內外脫節，內氣保持不緊不僵、柔和通暢，身體保持中正安舒，全體放鬆，含胸拔背，沉肩墜肘。

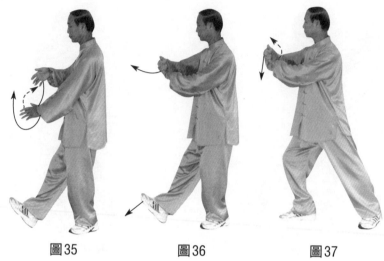

圖35　　　　　　圖36　　　　　　圖37

9. 車輪擠

①內氣向內旋轉，帶腰團身收尾骨；同時，右掌由外向內畫小立圈挑起，右臂內旋屈肘弧形移至腹前，前臂與地平行，掌心朝內，指尖朝左；左掌隨內氣向內畫一小立圈，左臂內旋屈肘，掌指輕貼於右前臂內側處；眼隨視兩掌。（圖35、圖36）

②內氣向前旋蕩，隨之身體重心向前移至右腿，右前腳掌落地，右腿屈弓，成右弓步；同時，左掌隨右前臂向前擠出，高與胸平，肘稍低於腕，右掌心朝裏，指尖朝左；眼神隨視右臂，即轉向前平視。（圖37）

【要點】兩掌同時轉立圈，鬆胯活腰，圓轉輕靈，做到內外協調一致，含胸拔背，兩臂撐圓，身體保持中正。

圖38   圖39

10. 弓步按

①內氣右旋，帶腰右轉
45°，身體轉向正西；同時，右
臂內旋前伸，左掌經右前臂上方
與之交叉，兩掌心朝下，指尖朝
前，隨即兩掌向左右分至與肩同
寬；眼神關顧兩掌，即轉向前平
視。（圖38、圖39）

②內氣向內旋，隨之身體重   圖40
心移向左腿，左腿屈膝坐重，右
前腳掌翹起，成右虛步；同時，兩臂屈肘，兩掌弧形移至
胸前，掌心斜朝前，指尖斜朝上。（圖40）

圖41

圖42

內氣繼續向內旋轉，團身內收尾骨，左腿屈膝蹲身，內氣向前旋蕩，身體重心移向右腿，右前腳掌落地，右腿屈弓，成右弓步；同時，兩掌向前弧形按出，與肩同寬，掌心朝前，指尖朝上，內氣順時針方向帶腰旋轉，腰帶兩掌順時針畫一立圈，內氣向前旋蕩，隨之關節鬆開伸長向前再按出（補氣發放）；眼神隨視兩掌，即轉向前平視。（圖41）

【要點】兩掌隨內氣按出，隨內氣畫立圈，不可內外脫節，頭有上領之意，含胸拔背，沉肩墜肘，身體保持中正。

第五式　左右托拶

①上動不停，內氣先外旋再向左旋，腰隨內氣左轉；兩掌向前伸平，身體重心左移，左前腳掌向外碾轉，腳尖朝南，屈膝半蹲；右前腳掌內扣，腳尖朝南；同時，兩掌不變隨轉體平抹至東南；眼隨視兩掌，即轉向前平視。

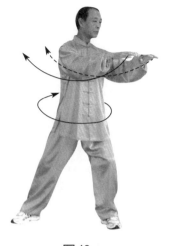

圖43

圖44

（圖42、圖43）

　　②內氣右旋，帶腰右轉；身體重心移至右腿，右膝屈蹲，左腿斜伸；同時，右臂外旋掌心朝裏，指尖朝左，對著左腕部，成橫立掌；兩掌隨轉體向西南，右掌弧形移至右前方，掌心朝斜上，指尖朝前，肘微屈垂，左掌弧形移至右肘內側，掌心朝下，指尖朝前；兩掌旋腕順時針方向畫一小圈，成托扮勢；眼神隨視兩掌。（圖44）

　　③內氣向左旋轉，腰隨之左轉；身體重心移至左腿，左膝屈蹲，右腿斜伸；同時，兩掌向左托扮隨之屈臂垂肘向左側翻轉，左掌弧形移至左前方，與左肩平，掌心朝上，指尖朝左前方，右掌弧形移至左肘內側，掌心朝下，指尖朝左；以腰的旋轉帶動兩掌逆時針轉一個小圈，成托

圖45　　　　　　　　圖46

捋勢；眼隨視兩掌。（圖45、
圖46）

　　④內氣右旋，帶腰右轉；身
體重心移至右腿，右膝屈蹲，左
腿斜伸；同時，兩掌隨轉體至右
側垂肘立掌，兩掌心斜朝裏相
對；眼隨視兩掌。（圖47）
　　【要點】內外協調一致，以
內氣旋轉帶動腰及兩掌，輕靈圓
活；左右托捋時，隨內氣要有托
捋、引、帶之意勁，勿左右搖
晃、聳肩，身體保持中正。

圖47

圖48

圖49

第六式　單　鞭

①內氣向右旋轉，帶腰右轉；身體重心移至左腿，左膝屈蹲，右腿斜伸；同時，兩掌向左、向右旋轉一圈，掌心相對；眼隨視兩掌，即轉視前方。（圖48）

②內氣繼續向右旋轉，腰隨之向右揉轉一圈，兩掌順時針畫圈；身體重心完全移至右腿，右膝屈蹲，左腳收至右腳內側，虛點於地；同時，左掌心朝下平抹一小圈，掌心朝下；右掌從左前臂上方順時針抹圈，隨之五指尖下垂撮攏成勾手，高與肩平，肘稍低於腕，左掌心朝下置於右勾手下面，指尖朝右；眼神隨視兩掌，即轉向右勾手前方。（圖49）

圖50   圖51

③內氣左旋，腰隨之左轉；左腳向東弧形邁出一步，腳跟先著地，隨著轉體腳尖向外碾轉朝向正東，身體重心左移，前腳掌落地，左膝屈弓，成左弓步；同時，左掌外旋，掌心朝內，隨轉體向左（正東）弧形掤移；眼隨視左掌。（圖50、圖51）

內氣繼續左旋，帶腰左轉；身體重心移向右腿，左前腳掌翹起，成左虛步；同時，左掌向右弧形移至左胸前，屈肘立掌，掌心朝前，指尖朝上；右勾手順時針畫小圈；眼隨視左掌，即轉向前平視。（圖52）

④內氣向內旋轉，鬆腰團身，尾骨內收，腿微屈下蹲；內氣向前旋蕩，身體重心移向左腿，左前腳掌落地，腳尖微扣，左膝屈弓，成左弓步；同時，左掌向前弧形推出；右臂肩肘關節鬆開伸長，勾手向右側發放。

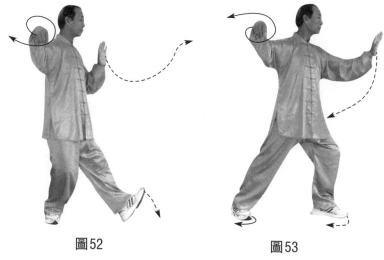

圖52　　　　　　　　圖53

　　內氣向左旋轉，腰隨之向左旋柔轉；腰帶左掌逆時針畫小圈，右勾手順時針畫一小平圈；內氣向前旋蕩，兩臂關節鬆開伸長同時向外補氣發放；眼隨視左掌，即轉向前平視。（圖53）

　　【要點】內氣帶動身軀，以身帶四肢，內外協調一致，動作輕靈圓活，連綿不斷，內含意勁徐徐，不急不躁，身體保持中正，全身放鬆，兩臂微屈，含胸拔背，沉肩墜肘，內氣不緊不滯，柔和通暢，補氣發放兩手同時。

第七式　提手上勢

　　①上動不停，內氣向右旋轉，腰隨之右轉；身體重心向右移，右前腳掌向外碾，腳尖朝南，屈膝半蹲，左前腳掌向內碾扣，腳尖朝東南；同時，右勾手逆時針畫一小圈變掌，掌心朝外弧形捯向右前側，指尖朝上；左臂弧形移

圖54

圖55

至左胯外側，掌心朝下；眼視右掌前方。（圖54）

②內氣左旋，帶腰向左微轉；身體重心移向左腿，左膝屈蹲；同時，左掌心朝上經小腹向上畫半圓至右胸前，左掌內旋，掌心朝外，指尖朝上，肘微屈；右掌向下弧形採至右胯側，掌心朝內，指尖朝下；眼先顧右掌後顧左掌，即轉向前平視。（圖55）

③內氣向左旋轉，帶腰向左微揉轉；收右腳經左腳內側向南邁出，腳跟著地，成右虛步，內氣向內旋蕩，隨之團身收尾骨；同時，左掌弧形按至腹前，掌心朝右下，指尖斜朝前；右掌經胯外向前上方弧形挑至胸前，掌心朝左，指尖斜朝上，肘微屈、伸臂；眼向前平視。（圖56）

【要點】右掌上提左掌下按時坐腕領小指，內氣向內

圖56　　　　　　　　圖57　　　　　　　　圖58

旋蕩，重心在左腿上，上體向東南，臉向正南。含胸拔
背，沉肩墜肘，身體保持中正，無前俯後仰、左右倚斜之
狀。

第八式　左顧右盼中定

　　①上動不停，內氣向左立圈旋轉，帶腰向左揉轉；同
時，右掌內旋經左側向下、向上在胸前屈臂沉肘畫立圈，
右臂外旋向左側弧形按出，掌心朝左，指尖朝前；左臂外
旋貼著右臂內側向前伸向左、向上屈臂內旋畫立圈反按至
左肋前，掌心朝左，置於右前臂下；眼視兩掌（圖57、圖
58）。

　　②內氣向右旋轉，腰隨之右轉；同時，右掌內旋逆時
針畫立圈反按至右側，掌心朝右；左掌外旋逆時針畫立圈

圖59　　　　　　　　圖60　　　　　　　　圖61

按至右肋前，掌心朝右，指尖朝前；眼隨視兩掌，即轉向前平視。（圖59）

　③內氣向右旋轉，帶腰向右轉；同時，兩掌向右弧形抹抄回至右肋前，兩掌心向內，指尖斜朝下；眼神顧兩掌。（圖60）

　內氣向內旋轉，屈腿團身，收尾骨，內氣向前旋蕩；兩掌向前上方弧形推送，右臂前伸肘尖下垂，掌心朝左，指尖斜朝上，與鼻尖平；左臂彎曲，食指對右肘內側，掌心朝右；眼隨視兩掌，即轉向前平視。（圖61）

　【要點】隨內氣而動，要柔活順暢，內意潛轉變化無停無滯，中定內意放整勁，兩手領指坐腕，身體中正安舒，含胸拔背，沉肩墜肘，內收尾閭。

圖62　　　　　　　圖63　　　　　　　圖64

第九式　海底撈月

　　上動不停，內氣向內旋轉，帶腰向上微提；重心移至左腿，屈膝半蹲，右腳抽回提起；同時，右掌內旋收回經胸前隨即外旋弧形移至腹前，掌心朝上，指尖朝左；左掌外旋弧形挑起，再內旋弧形移至胸前，掌心朝下，指尖朝右，兩掌心相對，成抱球狀；隨著團身內收尾骨，屈膝蹲身，右腳向前（南）邁出一步，腳跟先著地，隨著重心前移，前腳掌內扣著地，腳尖朝東南，右膝前弓，左腿屈膝斜伸於後；右掌隨右腿弧形抄至膝前，左掌弧形下落至腹前，兩掌心相對，成抱球狀；眼隨視動作，即轉向前平視。（圖62—圖64）

　　【要點】動作連貫柔順，步法進退輕靈。蘊含頭打、肩靠、掌撩陰之意。

圖65

圖66

第十式　白鶴亮翅

　　上動不停，內氣向上、向左旋轉，身體向上升起，轉
體正東；右腳內扣，收左腳經右腳內側向前（東）出半
步，前腳掌虛點地，成左虛步；同時，兩掌上下弧形分
開，右掌內旋上提至右額前，手心朝前，指尖朝左上；左
掌下按至左胯外，距離胯約一拳寬，手心朝下，指尖朝
前，兩臂屈肘圈圓；眼先隨視右掌至臉前時轉視前方。
（圖65、圖66）

　　【要點】身體保持正中，不可前俯後仰、挺胸、翹
臀，動作上下內外協調一致，圓活自然。左掌下按、右掌
上分時，頸、腰、肩、肘、腕、指等關節鬆開伸長，氣沉
丹田，然後恢復自然。

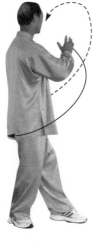

圖67

圖68

第十一式　老虎淨面

①上動不停，內氣向左旋轉，兩腿屈膝向下微蹲，向左轉腰；同時，右臂外旋從頭上向下經臉前弧形移經左肩前，掌心斜朝下，指尖朝左；左掌外旋由下向上畫弧揮至左胯外，指尖朝下，手心朝前；眼神隨視右掌。（圖67）

②內氣向右旋轉，帶腰右轉；左臂屈肘向上，左掌經臉前向右肩前畫弧，掌心斜朝下，指尖朝右；右掌向下經腹前向右後方畫弧摟至右胯旁，掌心朝內，指尖朝下；眼神先顧右掌後視左掌。（圖68）

【要點】內氣旋轉不停，動作連綿不斷，兩掌在面前畫弧有護頭臉之意，腰、肩、臂要鬆、活、轉、柔，不可僵硬、挺板、滯呆。

圖69

第十二式　左摟膝拗步

①上動不停，內氣繼續向右，腰繼續右轉；提收左腳於右腳內側，腳掌虛點地；同時，左掌畫弧摟至右肋旁，掌心朝下，指尖朝右；右掌外旋向右後方畫弧揮至右後上方，掌心斜朝上；眼視右掌。（圖69）

②內氣向左旋轉，身體重心移至右腿，隨之向左轉腰；左腳向東弧形邁出，身體重心前移至左腿，左膝前弓，右腿自然伸直，成左弓步，身體轉向正東；同時，左掌經膝前畫弧摟至左胯旁，掌心朝下，指尖朝前，左臂彎曲肘尖朝左後；右掌向上經右耳根側向前（東）弧形推出，掌心朝前，指尖朝上，右臂微屈垂肘，指尖與鼻尖平；眼隨視右掌，後轉視前方。（圖70、圖71）

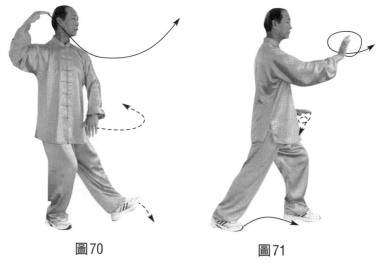

圖70　　　　　　　　　　圖71

③內氣向右揉旋再向前旋蕩，腰隨之向右微揉轉；腰帶右掌順時針畫一小圈，隨內氣向前再次按出發放；左掌逆時針畫一小平圓再向下採按，兩掌同時向外補氣發放；眼向前平視，參見圖71。

【要點】在摟膝、右掌向前按出時，身體保持中正，含胸拔背，沉肩墜肘，兩臂不可挺直，內外協調一致。

第十三式　手揮琵琶

①上動不停，內氣向內旋轉，隨之向上提腰；右腳向前跟至左腳內側又退回半步，腳尖朝東南，身體重心移向右腿，右膝屈蹲；左腳提起腳跟，腳尖虛點地；同時，左臂外旋向身前弧形托起掌內旋，掌心朝前，指尖朝右；右臂內旋弧形移至身前，掌心朝前，指尖朝左，兩掌交叉向前上方掤，兩臂撐圓，腕與肩平；眼隨視兩掌。（圖72、圖73）

圖72

圖73

②內氣先內旋後向右旋再向前旋轉，左腳向前出半步，腳跟著地，腳尖翹起，上體微向右轉，胸中線朝東南方；同時，兩掌先向左右弧形分開後再向左前方合出，左臂前伸，肘尖下垂，腕與肩平，掌心朝右，指尖斜朝前；右掌外旋弧形靠近左肘，掌心斜對準左肘，指尖斜朝前；眼神隨視兩掌，即轉視左手食指。（圖74）

【要點】兩掌隨內氣向上掤架，高不過眉、下至胸肋，由中心起手，呈弧形向左右分開，隨即又向中心合

圖74

提。內意要有合勁、錯勁，要有向前發放的勁。保持身體中正，沉肩墜肘，頭上頂之意。

圖75

圖76

第十四式　左顧右盼中定

①上動不停，內氣向右立圈旋轉，帶腰向右揉轉；同時，左掌內旋向右下弧形挑至胸前時，再外旋向右側分按，掌心朝右，指尖朝前；右臂外旋，在左前臂內側向前伸，向上畫弧向右側反按至左肘內側，掌心朝外，指尖朝前；眼神隨視動作。（圖75、圖76）

圖77

②內氣向左旋轉，腰隨之左轉；同時，右掌外旋翻掌，掌心朝左，左掌內旋翻掌，掌心朝左，兩掌隨轉腰向左側弧形分按，指尖朝前；眼隨視兩掌。（圖77）

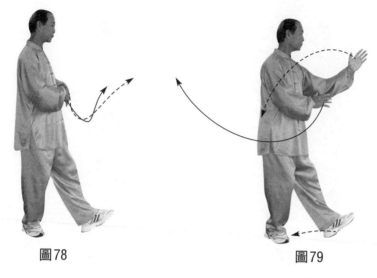

圖78　　　　　　　　　　圖79

　　③內氣繼續向左旋，帶腰左轉；同時，兩掌向右弧形抹抄至胸前，掌心斜朝內，指尖朝下；眼顧兩掌。（圖78）。

　　④內氣向內旋轉，隨之鬆腰團身，收尾骨，內氣向前旋蕩；隨之兩掌向左前方弧形推送，左掌心朝右，指尖斜朝上，兩臂微屈垂肘，右掌心對準左肘內側，指尖斜朝上；眼神隨視兩掌，即轉向前平視。（圖79）

　　【要點】動作要隨著內氣的旋轉協調一致，要柔和順暢，內意潛轉變化無停無滯，連綿不斷，中定內意放整勁。兩手要領指坐腕，身體保持中正，含胸拔背，沉肩墜肘，內收尾閭，頭有頂領之意。

圖80

第十五式　左摟膝拗步

①上動不停，內氣向右旋轉，隨之向右轉腰，收左腳至右腳內側虛提；同時，右掌外旋向下、向右後上方弧形托舉，掌心朝左前；左掌內旋弧形揮至右胸下方，掌心斜朝下；眼先顧左掌後隨視右掌。（圖80）

②內氣左旋，帶腰左轉；左腳向東弧形邁出一步，腳跟先著地，隨著身體重心移向左腿，前腳掌落地，左膝屈弓，右腿自然伸直，成左弓步；同時，左掌向左經小腹、左膝前畫弧摟至左胯旁，掌心朝下，指尖朝前；右掌由右側前向上經耳根向前（東）弧形推出，掌心朝前，指尖朝上，領指坐腕，右臂微屈，鬆肩垂肘；內氣先向右旋揉再向前旋蕩，帶腰向右微揉轉，腰帶右掌順時針畫一小圈再

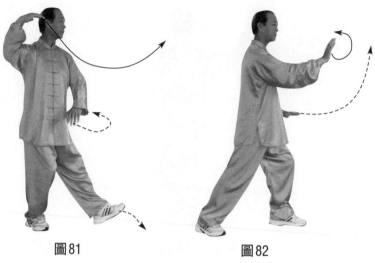

圖81　　　　　　　　　圖82

向前按出補氣發放，左掌同時逆時針畫一小平圓再向下採按補氣發放；眼神隨視右掌，即轉向前平視。（圖81、圖82）

【要點】與第十二式左摟膝拗步相同。

第十六式　左托捋右摟膝拗步

①上動不停，內氣先向左旋揉再向右旋揉，帶腰微左轉再右轉；腰帶右掌逆時針畫一小斜立圈向右上方弧形提引，掌心朝下，指尖朝左；左掌外旋弧形托至左前方，掌心朝上，指尖朝左，肘微屈下垂，兩掌成托勢；眼隨視左掌。（圖83）

②內氣繼續向右旋轉，腰隨之右轉；右前腳掌向外碾轉，腳尖朝南，身體重心移向右腿，右膝屈蹲，左腳尖內

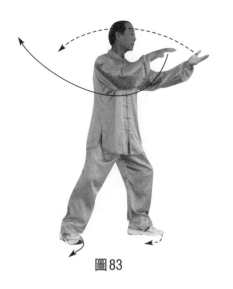

圖83

圖84

扣朝南；同時，右掌隨轉體經右胸
向右側托起，掌心斜朝上，指尖朝
右上；左掌內扣弧形移至右胸前，
掌心朝下，指尖朝右；眼隨視右
掌。（圖84）

　　③內氣向左旋轉，帶腰左轉；左
腳收回提經右腳內側弧形向左
（東）搬步，腳尖朝北；同時，右
掌隨轉體弧形移至胸前，掌心朝
下，指尖朝左；左掌邊下採邊外旋
翻掌收於腹前，掌心朝上，指尖朝

圖85

右，兩掌心相對，成抱球狀；眼隨動作而視，即轉向前平
視。（圖85）

圖86　　　　　　　　　圖87

④內氣繼續向左旋，帶腰左轉；身體重心移至左腿，右腳跟提起；同時，左掌向左前方（西）弧形托起，掌心朝上，與肩同高；右掌向下弧形採至腹前，掌心朝下，指尖朝左；眼隨視左掌。（圖86）

⑤內氣右旋，帶腰右轉；右腳向右（東）弧形邁出一步，腳跟先落地，隨重心前移前腳掌落實，腳尖朝東，右膝屈弓，左腿自然伸直，成右弓步；同時，左掌向上舉起經左耳根向前（東）弧形推出，掌心朝前，指尖朝上，鬆肩垂肘，領指坐腕；右掌經小腹、膝前畫弧摟至右胯旁，掌心朝下，指尖朝前；內氣先左旋揉再向前旋蕩，帶腰向左揉轉；左掌逆時針畫一小立圈隨內氣再次向前按出補氣發放，右掌同時順時針畫一小平圓再向下採按補氣發放；眼隨視左掌，即轉向前平視。（圖87、圖88）

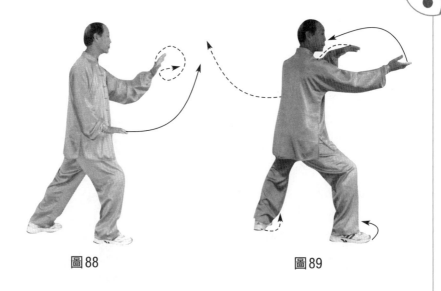

圖88　　　　　　　圖89

【要點】左掌上托高與左肩平，左臂微屈，肘尖下垂，托捋時內意有冷勁。右摟膝時左掌向前按出，身體保持中正，含胸拔背，沉肩墜肘，內外協調一致，連綿不斷，輕靈圓活。

第十七式　右托捋左摟膝拗步

①上動不停，內氣先右旋揉再向左旋，帶腰先右微揉再向左轉；同時，左掌順時針畫斜立圈，隨之掌心朝下弧形向左上方提引；右臂外旋翻掌向右上方弧形托舉，掌心朝上，指尖朝右，高與肩平，成托捋勢；眼隨視右掌。（圖89）

②內氣繼續向左旋，帶腰左轉；左前腳掌向外碾轉，腳尖朝西北，隨之身體重心移向左腿，左膝屈蹲，右腳尖

向內碾扣朝北；同時，左掌外旋翻掌經左胸過小腹向左前
上方弧形托舉，掌心朝上，指尖朝左上，與肩同高；右掌
內扣弧形移至腹前，掌心朝下；
眼隨視左掌。（圖90）

③內氣右旋，帶腰右轉；右
腳收提經左腳內側向右（東）搬
步，腳尖朝南，隨之身體向右腿
移重，右膝屈蹲，左腳跟提起；
同時，左掌向右下弧形採至右胸
前，掌心朝下；右掌外旋翻掌隨
轉體向右上方托舉，掌心朝上，
指尖朝右；眼神隨動作而視，即
轉向右前平視。（圖91、圖92）

圖90

圖91

圖92

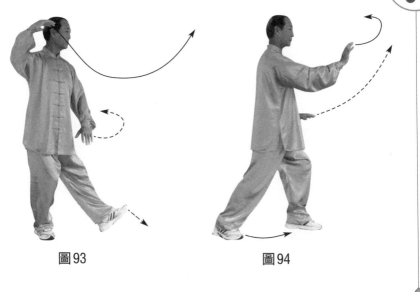

圖93　　　　　　　　　　圖94

④內氣左旋，帶腰左轉；左腳向前（東）弧形邁出一步，腳跟先落地，隨著轉腰前腳掌落地，腳尖朝東，身體重心移至左腿，左膝屈弓，右腿自然伸直，成左弓步；同時，左掌向下經小腹、膝前畫弧摟膝至右胯旁，掌心朝下，指尖朝前；右掌向上經耳根向前弧形推出，掌心朝前，指尖朝上，鬆肩垂肘，領指坐腕；內氣先右揉旋再向前旋蕩，帶腰向右揉轉，右掌順時針畫一小立圈，隨內氣向前再次按出補氣發放，左掌同時逆時針畫一小平圓再向下採按補氣發放；眼神隨視右掌，即轉向前平視。（圖93、圖94）

【要點】與第十六式左托抔右摟膝拗步相同。

第十八式　手揮琵琶

動作和要點與第十三式手揮琵琶相同，參見圖72—圖74。

圖95

第十九式 左顧右盼中定（左）

動作和要點與第十四式左顧右盼中定相同，參見圖75—圖79。

第二十式 左摟膝拗步

動作和要點與第十二式左摟膝拗步相同，參見圖69—圖71。

第二十一式 托捋下勢搬攔捶

①上動不停，內氣左旋，帶腰左轉，右掌逆時針畫一小圈向上提起，掌心朝下；身體重心移至左腿，右腳向前收提於左腳內側，虛提不落地；同時，左臂外旋翻掌，掌心朝上往前伸向左前方弧形托起，與肩同高，兩掌心斜

圖96

對，成托捋狀；眼神隨視左掌前。（圖95）

②內氣右旋，帶腰右轉；右腳向後退一大步，屈膝，腳尖朝南，左腳掌抬起向內碾扣，腳尖朝南，左腿斜伸，身體轉向南；同時，兩掌隨轉體弧形移至右側，左掌托至右腹前，掌心朝上；右掌弧形移至右側變拳，略低於右肩，拳心朝下；眼隨視動作。（圖96）

③內氣向內旋轉，隨之團腰收尾骨；屈膝下蹲，左腿斜伸，成左仆步下勢，拳掌隨勢下移；隨即內氣向左旋，帶腰左轉，身體重心移向左腿，以左腳跟為軸腳尖向左碾轉，右腳向內碾扣，右腳收至左腳內側併步；同時，內氣先左旋再向右旋轉，帶腰先左揉轉再向右揉轉；右拳外旋經腹前過左肩弧形翻成反背捶向前劈打，拳心朝內；左臂

圖97

圖98

隨轉體內旋經腹前由左側向上、向前弧形翻掌至肩前，掌心朝前，指尖斜朝上；眼平視前方。（圖97、圖98）

內氣右旋，帶腰右轉；同時，右拳隨轉腰收至右肋前，左掌向前（東）弧形按出；眼隨視左掌，即轉向前平視。（圖99）

④內氣右旋，帶腰右轉，身體重心移至右腳；左掌順時針畫弧攔掌，掌心朝下；內氣向左旋，帶腰左轉，左腳向前弧形邁一步，隨之身體重心移向左腿，左膝屈弓，右腿自然伸

圖99

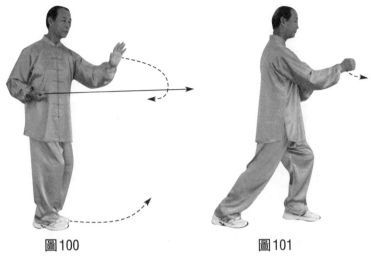

圖100 圖101

直，成左弓步；同時，腰帶左掌逆時針向左平攔畫圈，右臂內旋，右拳向前立拳捶出，高與肋平，屈臂垂肘，此時左掌已畫完平圈正好回至前方，輕扶於右前臂內側；眼隨視動作，轉視右拳前方。（圖100、圖101）

【要點】托掤時內意瞬間要有驚炸勁，攔和捶都要以內氣帶腰，以腰帶動四肢，內外協調一致，動作連貫，靈活順暢，身體保持中正，切勿歪斜、前俯後仰。

第二十二式　如封似閉

①上動不停，內氣向左微旋，帶腰向左微揉轉；左掌從右臂下方向前穿出外旋翻掌，右臂外旋，右拳變掌；身體重心後移，右腿屈膝坐重，左腳尖翹起；同時，兩掌隨身體後移向左右稍分，略收至胸前，掌心朝內，指尖朝上。（圖102、圖103）

圖102 圖103

②內氣向內旋轉，隨之鬆腰團身，內收尾骨，屈膝蹲身；內氣向前旋蕩，身體重心移至左腿，左膝屈弓，右腿自然伸直，成左弓步；同時，兩掌隨身體前移向內翻掌，向前呈下弧形按出，與肩同寬，腕與肩平，掌心朝前，指尖朝上；內氣向右旋隨即向前旋蕩，帶腰向右揉轉；兩掌隨腰的揉轉順時針畫一個小立圈向前再次按出補氣發放，掌心朝前，指尖朝上；眼隨視動作，即轉向前平視。（圖104、圖105）

【要點】兩臂交叉隨體向後收時要鬆肩墜肘，兩肘略分即可，切勿屈肘過大或外凸或抬起，兩臂內含掤勁以防把自己捆住，身體保持中正，勿前俯後仰。補氣發放時肩肘關節鬆開放長。

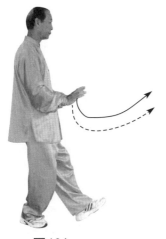

圖104　　　　　　　　　　　　圖105

第二十三式　十字手

上動不停，內氣向內旋轉，隨之兩臂內旋，兩肘屈曲向外撐，兩掌向上托舉至頭頂前，掌心朝外，指尖斜相對；內氣先向右旋蕩再向左旋蕩，帶腰右揉轉；右前腳掌向外碾轉，腳尖朝南，身體重心移至右腿，左腳向內碾扣，腳尖朝南，隨即身體重心移向左腿，左膝屈蹲，收提右腳經左腳內側向右橫開一小步，與肩同寬，重心移至兩腿中間，兩腳蹬力，身升起，膝關節微屈；同時，兩掌隨重心移動向左右兩側分開畫弧內圈，抄於膝下交叉相抱，掌心朝上，隨身體上升交叉抱至胸前，左臂在裏，掌心斜朝內，成十字狀；眼隨視動作，即轉視前方。（圖106—圖109）

【要點】此動作先向上掤架，再分劈、抄抱，後十字

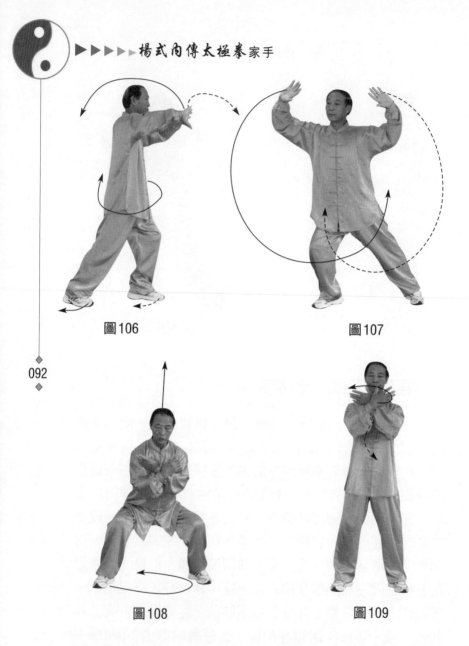

圖106

圖107

圖108

圖109

交叉，上下相隨，內外合一，兩臂呈環形含有掤勁，須鬆肩墜肘，頭向上領，切勿聳肩掀肘。

圖110　　　　　　　　圖111

第二十四式　抱虎歸山

①上動不停，內氣順時針先向右後再向左立圈揉轉，腰隨氣先右後左揉轉；同時，左掌外旋向左經小腹弧形舉至左前上方，掌心朝右；右掌內旋弧形移至肋前，掌心朝下。（圖110、圖111）

②內氣右旋，帶腰右轉；右腳提起向西北方撤一步，腳跟落地，隨轉腰右腳向外碾轉，腳尖朝西北，左腳隨之內扣，腳尖朝西，身體重心移至右腿，右膝屈弓，左腿自然伸直，成右弓步；同時，右掌向下經小腹、膝前畫弧摟至右胯旁，掌心朝下，指尖朝前；左掌經左耳根向前弧形按出，掌心朝前（西北），指尖朝上；內氣先向左旋揉再向前旋蕩，帶腰向左揉轉；左掌隨腰揉轉逆時針畫一小立圈向前

圖112　　　　　　　　　　圖113

再次按出補氣發放，右掌同時順時針畫一小平圓再向下採按補氣發放；眼隨視動作，轉視前方。（圖112、圖113）

【要點】左右移重不可歪斜，保持身體中正，撤步轉體要平穩，手隨身運，輕靈柔活。

第二十五式　斜攬雀尾

1. 右　掤

①上動不停，內氣向後、向右揉旋，帶腰先右後左揉轉；同時，左掌隨轉腰向右、向左弧形移至胸前，掌心朝下，右掌外旋弧形移至腹前，掌心朝上；身體重心移向左腿，右前腳掌隨之翹起；兩掌隨身體後移轉至左側，掌心相對，成抱球狀；眼隨視兩掌。（圖114、圖115）

圖114

圖115

②以下動作和要點與第四式攬雀尾中第5. 動右掤相同，唯運動方向朝西北，參見圖23、圖24。

【要點】同第四式「攬雀尾」中的第1.動左掤。

2. 右三環套月

動作和要點與第四式攬雀尾中第6. 動右三環套月相同，唯運動方向朝西北，參見圖25—圖28。

3. 右　掤

動作和要點與第四式攬雀尾中第7. 動右掤相同，唯運動方向朝西北，參見圖29、圖30。

4. 左穿掌右纏捋

動作和要點與第四式攬雀尾中第8. 動左穿掌右纏捋相

同，唯運動方向朝西北，參見圖31—圖34。

5. 車輪擠

動作和要點與第四式攬雀尾中第9. 動車輪擠相同，唯運動方向朝西北，參見圖35—圖37。

6. 弓步按

動作和要點與第四式攬雀尾中第10. 動弓步按相同，唯運動方向朝西北，參見圖38—圖41。

第二十六式　左右托捋

動作和要點與第五式左右托捋相同，唯運動方向朝西北，參見圖42—圖47。

第二十七式　肘底看捶

①上動不停，內氣右旋，帶腰右轉；兩臂垂肘，兩掌相對，隨身體弧形轉至右側身前；身體重心移至左腿，左膝微屈，右前腳掌翹起，兩掌順時針弧形轉到胸前；身體重心移至右腿，右膝微屈，左腳收提至右腳內側虛點地；同時，左掌順時針畫弧平抹一圈，內旋掌心斜朝外，右掌在左掌上方順時針抹至左掌外側內旋握拳，拳面朝左，拳眼朝下。（圖116—圖118）

②內氣左旋，帶腰左轉；左腳向左側（東南）邁出一步，腳跟先著地隨轉體前腳掌落地，腳尖朝東南，身體重心移至左腿，左膝屈蹲；右腳向左腳前上一步，腳尖朝東

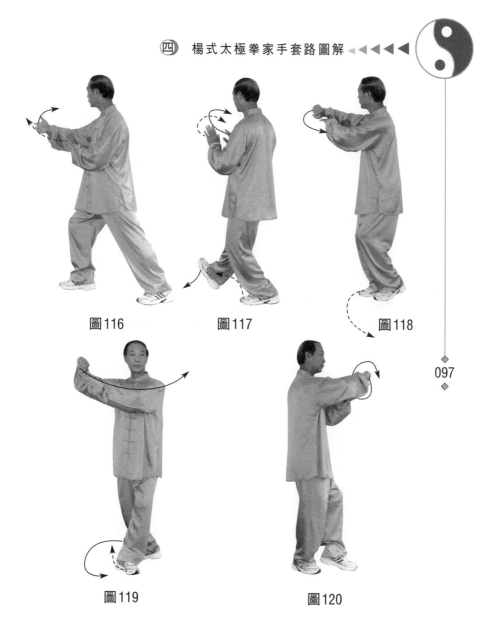

圖116　　　　　圖117　　　　　圖118

圖119　　　　　　　圖120

南，重心移至右腿，身體左轉朝正東，左腳跟提起，成小
丁步；同時，兩手動作不變隨轉體至正東；眼向前平視。
（圖119、圖120）

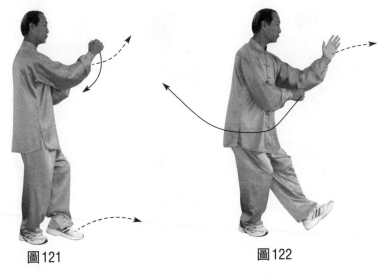

圖121　　　　　　　　圖122

③內氣向右旋轉，帶腰右轉；右拳以腕為圓心順時針旋腕向前劈捶，拳眼朝上，與肩同高，左掌扶於右腕內側；內氣右旋，帶腰右轉；左腳向前（東）邁出半步，腳跟著地，腳尖翹起，成左虛步；同時，左掌向前弧形穿出，腕與肩齊，掌心朝右，指尖斜朝上；右拳抽回至左肘下，成肘底看捶；眼平視前方。（圖121、圖122）

【要點】隨著內氣右旋完成整個動作，鬆腰鬆胯，含胸拔背，沉肩墜肘，兩臂屈曲勿直，胸部側朝右前方。

第二十八式　左摟膝拗步

動作和要點與第十二式左摟膝拗步相同，參見圖69—圖71。

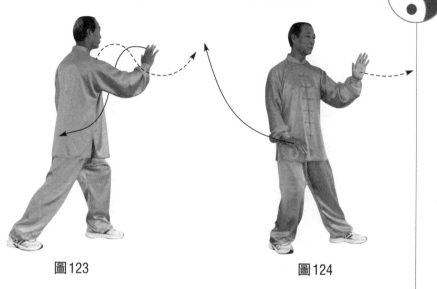

圖123　　　　　　　　　　圖124

第二十九式　右採挒

上動不停，內氣逆時針微揉旋一小立圈，帶腰逆時針微揉轉；身體重心移至右腿，右膝屈蹲，左腿斜伸；同時，腰帶右掌向左下方經腹前畫弧挒採至右胯旁，掌心朝下，指尖朝前；左掌從左側經肩前向前弧形按出，掌心朝前，指尖朝上；眼神先顧右掌，後顧左掌。（圖123、圖124）

【要點】內氣向左旋即刻轉向右旋，帶動右臂揉一小圈，挒採連用，垂肩墜肘，鬆腰活胯，身體保持中正。

第三十式　左倒攆猴

①上動不停，內氣右旋，帶腰右轉；同時，右掌外旋向右後上方弧形撩起，掌心朝下；左掌稍前伸；眼隨視動

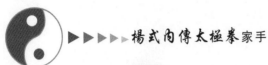
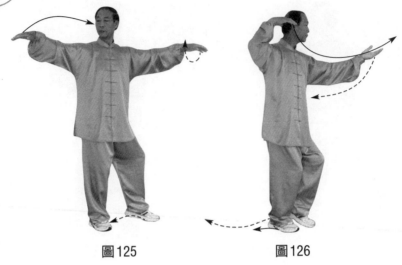

圖125　　　　　　　　圖126

作。（圖125）

②內氣向內旋轉，隨之鬆腰團身，身體重心移至右腿，左腳提起經右腳內側向後弧形撤一步，身體重心再移至左腿，左膝屈蹲，右腳抽至左腳前半步；同時，左掌隨身體後移外旋向後弧形收至左肋旁，掌心朝上；右臂屈肘捲肱，右掌外旋向上經右耳根向前弧形按出，掌心朝前，指尖朝斜上；眼神隨視右掌。（圖126、圖127）

【要點】退步時要團身屈膝，內含打前靠後、肘頂撩陰之意，內外協調一致，含胸拔背，沉肩墜肘，頭向上領，身體保持中正，不可前傾後仰、左右歪斜。

第三十一式　右摟膝拗步

①上動不停，內氣左旋，帶腰左轉；隨之身體重心左

圖127

圖128

移，左膝屈蹲，收右腳至左腳內側；同時，右掌向左下畫弧至左腹前，掌心朝下，指尖朝左；左掌經左胯旁向左斜後方反掌撩起，隨即外旋向上弧形揮起，掌心斜朝前，指尖斜朝上；眼神先隨視右掌，後轉視左掌。（圖128）

②內氣右旋，帶腰右轉；右腳向前弧形邁一步，腳跟落地，隨之向右轉體，身體重心移至右腿，前腳掌落實，右膝屈弓，左腿自然伸直，成右弓步；同時，右掌隨轉體向右經膝前摟至右胯旁，掌心朝下，指尖朝前；左掌經左耳根側向前弧形按出，掌心朝前，指尖斜朝上，兩臂屈曲，垂肘鬆肩，不可挺直；隨即內氣先左旋揉再向前旋蕩，帶腰向左微揉轉，左掌逆時針畫一小圈隨內氣向前再次按出補氣發放，右掌同時順時針畫一小平圓再向下採按補氣發放；眼神隨視左掌，即轉視前方。（圖129、圖130）

圖129

圖130

【要點】同第十二式左摟膝拗步。

第三十二式　左採挒

上動不停，內氣先右旋再向左旋揉，帶腰向右微揉再向左轉；身體重心移至左腿，左膝屈蹲，右腿斜伸；同時，隨之腰帶左掌向右下方經腹前弧形挒採至左胯旁，掌心朝下，掌指朝前；右掌從右側經右肩前向前弧形按出，掌心朝前，指尖朝斜上；眼神先隨視左掌，後轉視右掌。（圖131、圖132）

【要點】同第二十九式右採挒。

第三十三式　右倒攆猴

①上動不停，內氣左旋，帶腰向左轉；身體重心移至左腿，右腳提起收至左腳內側；同時，右掌微前伸，掌心

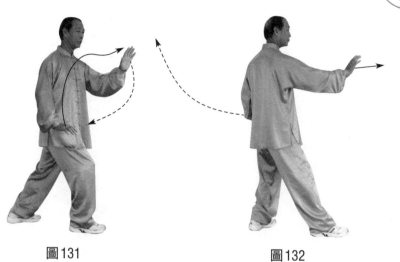

圖131

圖132

圖133

朝下；左掌向左斜上方弧形撩起，掌心朝下，與肩同高；
眼隨視左掌。（圖133）

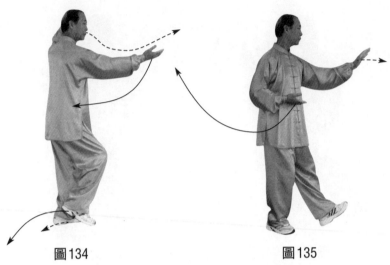

圖134　　　　　　　　　　圖135

104

②內氣向內旋轉，隨之鬆腰團身；右腳向後弧形退一
步，身體重心移至右腿，右膝屈蹲，左腳收至右腳前半步，
腳跟虛點地；同時，右掌外旋弧形收至右肋側，掌心朝上；
左掌外旋捲肱向上經左耳根向前弧形按出，掌心朝前，指尖
朝斜上；眼隨視左掌，轉視前方。（圖134、圖135）

【要點】同第三十式左倒攆猴。

第三十四式　左摟膝拗步

動作和要點與第十五式左摟膝拗步相同，參見圖80—
圖82。

第三十五式　右採挒

動作和要點與第二十九式右採挒相同，參見圖123、
圖124。

圖136

第三十六式　左倒攆猴

動作和要點與第三十式左倒攆猴相同，參見圖125—圖127。

第三十七式　斜飛勢

①上動不停，內氣右旋，帶腰右轉；同時，右掌先向右內旋，後外旋畫弧圈抱至腹側，掌心朝上，指尖朝前；左掌內旋經左側向胸前畫弧圈抱，掌心朝下，指尖朝右，兩掌心斜相對，成抱球狀；右腳抽回至左腳內側，腳尖虛點地；眼隨視動作，即轉向前平視。（圖136）

②內氣向左旋轉，帶腰左轉；右腿提起，左膝屈蹲；同時，右掌向上經左前臂外側穿起至身前，掌心朝內；左掌

圖137　　　　　　　圖138

向腹前下採，掌心朝下，指尖朝前；眼視右掌。（圖137）

③內氣右旋，帶腰右轉；右腳向右側（正南）邁出一大步，身體重心移向右腿，右膝屈弓，左腿自然伸直，成右弓步；同時，右掌外旋向右側（南）弧形捌至頭前，右臂微屈，肘內圈，掌心朝外；左掌隨之向左胯後撩出，掌心朝後，指尖朝下；眼隨視右掌，即轉向前平視。（圖138）

【要點】動作輕靈圓活，身體保持中正，鬆肩沉肘，兩臂微屈，含胸拔背，上下相隨，手腳齊到，內含靠打之意。

第三十八式　提手上勢

①上動不停，內氣向右旋轉，帶腰右轉；左腳收至右腳內側虛提；同時，右掌提至右額前上方，掌心朝前，指尖斜朝左，屈肘圈臂；左掌隨勢收至左胯前；眼向前平

圖139　　　　　　　　　　　圖140

視。（圖139）

　②內氣右旋，帶腰右轉；左腳向後撤一步，身體重心向後移至左腿，左膝屈蹲，右腳向回抽至左腳前半步，前腳掌著地，成右虛步；同時，左掌向前上方弧形推出，掌心斜朝右，指尖斜朝前；右掌內旋向上捌起，掌心斜朝右，指尖朝前，舉於頭右額上方，屈肘圈臂；眼神稍隨右掌即轉向前平視。（圖140）

　③右掌向右後方反臂掄劈至肩平時內氣向左旋，帶腰左轉；右腳提抽至左腳前又向前伸出，腳跟著地，成右虛步；同時，右掌外旋經右胯側向前弧形挑至右前上方，掌心朝左，指尖斜朝前；左掌坐腕領指弧形向下按至腹前，掌心朝右，對準右肘部，指尖斜朝前方；眼隨視動作，轉

圖141

圖142

向前平視。（圖141、圖142）

【要點】右掌向後掄劈時右腳抽回虛提，右掌上挑、左掌下按、右腳前伸著地同時完成，鬆腰收尾閭，含胸拔背，沉肩墜肘，動作圓活順暢，身體保持中正。

第三十九式　左顧右盼中定

動作和要點與第八式左顧右盼中定相同，參見圖57—圖61。

第四十式　燕子抄水

①上動不停，內氣右旋，帶腰右轉；同時，右掌外旋向下弧形抽至腹前，掌心朝上；左掌內旋向上、向前弧形推出，左臂微屈，鬆肩垂肘，掌心朝前，指尖朝上；眼視

圖143

圖144

圖145

前方。（圖143）

②內氣左旋，帶腰左轉，鬆腰團身收尾骨，身體轉向正南，右腳提起；同時，右掌內旋弧形向上移至胸前，掌心朝前，指尖朝上；左掌外旋向腹前弧形抽回，掌心朝上，與右掌相對，成抱球狀；隨即內氣向前旋蕩，右腳向前邁出一大步，腳尖朝東南，身體重心移至右腿，右膝前弓，成右弓步；右掌隨身體前移向前穿出，掌心朝下，指尖朝前，左掌向後移至腹前；眼隨視右掌。（圖144、圖145）

③內氣左旋，帶腰左轉；左腳收至右腳跟內側前虛點，成三角形小虛步，身體轉向東；同時，右掌隨轉體向下弧形抄至左膝下，掌心朝上，指尖朝左；左掌向上經小腹向外畫弧移至胸前，掌心朝下，左掌在上，兩掌相對，

圖146

成抱球狀；眼隨視動作。（圖146）

【要點】右掌回抽收腰圍身，左掌前推鬆腰；再收左掌穿出右掌時，內氣帶腰收展，速度稍快；右掌下抄時要圍身，不可低頭，身體保持中正，整體氣勢要大，要連貫順暢，圓活輕靈。

第四十一式　白鶴亮翅

動作和要點與第十式白鶴亮翅相同，參見圖65、圖66。

第四十二式　陰陽連珠掌

上動不停，內氣左旋，帶腰左轉；右腿屈膝半蹲；同時，右掌外旋向前（東）反背摔出，掌心朝內，指尖朝上；左掌提至左肋前；隨即內氣右旋，帶腰右轉；左掌向前弧形按出，掌心朝前，指尖朝上；右掌抽至右肋前，掌

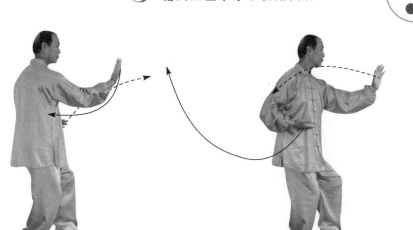

圖147　　　　　　　　　　　圖148

心朝上，指尖朝前；眼隨視動作，後向前平視。（圖
147、圖148）

【要點】身體保持中正，內氣左右旋轉，腰要活，出
手時要柔軟中含脆快勁意，內外上下協調一致。

第四十三式　左摟膝拗步

動作和要點與第十五式左摟膝拗步相同，參見圖80—
圖82。

第四十四式　海底針

①上動不停，內氣右旋，帶腰右轉；同時，右掌外旋
變掌心朝左，左掌弧形提起輕貼在右腕上，隨即右掌逆時
針畫一小圈變掌心朝外；身體重心移至右腿，左腳抽回半
步在右腳前，前腳掌虛點地，成小虛步；左掌隨右掌內旋

圖149

圖150

弧形引至右額上方，掌心朝
外，身體轉向東南；眼視前
方。（圖149、圖150）

　②內氣左旋，帶腰左
轉，兩掌動作不變隨腰左轉
45°向正東；隨即內氣向內
旋轉，鬆腰團身收尾骨，屈
膝下蹲；同時，左掌貼在右

圖151

腕上不變，兩掌向下墜至左小腿前，右掌心朝左，指尖朝
前；眼隨視右掌。（圖151）

　【要點】內氣帶動全身完成整個動作；左掌隨右掌引
至右額上方時與步法同時完成，有引拔之意勁，兩掌下墜有
千斤墜地之意，下墜時身軀要團合，氣沉丹田，以防前俯。

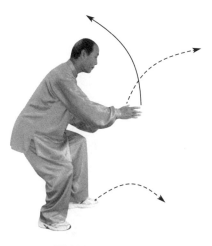

圖152　　　　　　　　圖153

第四十五式　扇通背

上動不停，內氣逆時針平旋一圈，帶腰逆時針微揉轉；同時，右掌外旋，左掌輕貼右腕逆時針畫一平圈，隨之兩掌提至胸前，右掌心朝左，左掌心朝下；內氣向前旋蕩，提左腳向前邁出一步，身體重心前移至左腿，左膝屈弓，右腿自然伸直，成左弓步；左掌側立向左前方按出，掌心斜朝前，指尖朝上，與鼻尖相照；右掌內旋向上弧形托架至右額上方，掌心朝外，指尖朝前；眼神先顧右掌後顧左掌，即轉向前平視。（圖152、圖153）

【要點】左掌向前按勁，內氣向右旋轉，隨之向右轉腰，上體轉向東南，面向東，內意按勁的過程中含有旋轉勁。按出時左臂勿伸直，沉肩墜肘；右掌向上托架時前臂斜伸，不可橫架，動作連貫，內意清晰，內外協調一致。

圖154　　　　　　　圖155

第四十六式　翻身撇身捶

上動不停，內氣右旋，帶腰右轉；右掌向下弧形移至左腹前握拳，拳背朝上，左掌向上弧形舉起；身體重心移至右腿，左腳尖向內碾扣，隨之身體重心又移向左腿，轉體西南，右腳提收經左腳內側不落地，隨即向右側（西）邁出一步，內氣向前旋，身體重心再向右移，右膝屈弓，左腿自然伸直，成右弓步；同時，左掌橫掌向下弧形蓋按至右肘外側，右拳以右肘為圓心向右前方反背劈打，鬆肩沉肘，臂屈曲，拳與肩平，左掌輕貼於右肘內側；眼隨動作而視，後轉向前平視。（圖154—圖157）

第四十七式　撲面掌窩心捶

上動不停，內氣右旋，帶腰右轉；同時，左掌隨腰旋轉

圖156　　　　　　　　　圖157

圖158　　　　　　　　　圖159

向前弧形按出，右拳心朝上抽回至左肘內側；隨即內氣左
旋，帶腰左轉；右拳內旋向前擊出，拳心朝下，左掌外旋抽
回至右肘下方，掌心朝上；眼向前平視。（圖158、圖159）

圖160

圖161

116

【要點】身體保持中正，內氣左右旋轉，腰轉靈活有力。上動反背劈捶和撲面掌、窩心捶三手緊湊連貫，有一步三拳之稱，此三手，要屈臂、鬆肩、沉肘，內富彈性，頭向上領。

第四十八式　進步搬攔捶

①上動不停，內氣先左旋再向右旋，帶腰先左轉再向右揉；同時，右拳隨腰向左揉轉內旋，拳心朝下，左掌隨右拳順時針搬掛；身體重心移向左腿，左腿屈膝，右腳收經左腳內側向前搬步，腳尖朝西北；隨即右拳內旋、左掌外旋，雙手向左下方弧形搬掛，右拳隨腰右揉轉經左側向上翻經胸向前弧形反背搬打，拳與肩平，拳背朝前，拳心朝內，左掌揮至左胸前與右拳心相對，指尖朝上；目隨視右拳。（圖160、圖161）

圖162

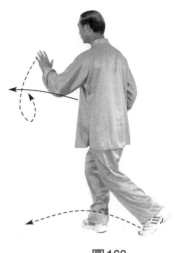

圖163

②內氣右旋，帶腰右轉；身
體重心向前移至右腿，右膝屈
蹲，左腳跟提起，前腳掌點地；
左掌畫下弧形向前按出，右拳向
右肋前弧形抽回；隨即內氣右
旋，帶腰右轉，腰帶左掌向右前
攔掌；內氣左旋，帶腰左轉，腰
帶左掌逆時針畫平圈；左腳向前
（西）弧形邁出一步，身體重心
移向左腿，左膝前弓，右腿自然
伸直，成左弓步；同時，右拳內
旋向前打出，拳眼朝上，拳面朝

圖164

前，右拳向前打時左掌畫完平圈輕扶於右腕部；眼隨視動
作，即轉向前平視。（圖162—圖164）

圖 165　　　　　　　　　　圖 166

【要點】左掌攔、右拳打與步法同時完成，協調一致，右拳打出時要有旋轉動，沉肩墜肘，鬆腰鬆胯，頭向上領，身體保持中正。

第四十九式　上步攬雀尾

1. 右　掤

①上動不停，內氣右旋，帶腰右轉；同時，身體向後坐重於右腿，左前腳掌翹起，腳跟著地；同時，右拳變掌，弧形收至胸右側，掌心朝下；左掌外旋隨轉體後移弧形收至腹前，掌心朝上，與右掌心相對。（圖 165）

②內氣左旋，帶腰左轉；左腳向外碾轉，腳尖朝西南，身體重心移至左腿，右腳跟提起，腳尖點地；同時，

圖167

圖168

右掌外旋，隨轉體弧形移至腹前，掌心朝上；左掌內旋收肘弧形移至左胸前，掌心朝下，成抱球狀。（圖166）

③內氣斜向由外向內旋，帶腰向左微揉轉；右掌弧形上挑至胸前，左掌弧形向後提拉至左胸前，掌心朝下，兩掌斜相對，成抱球狀；內氣繼續向內旋轉，右腳提收經左腳內側向前（西）弧形邁出一步，身體重心移向右腿，右膝前弓，左腿自然伸直，成右弓步；同時，右掌向右前弧形掤出，掌心斜朝上，臂微屈撐圓，腕與肩平；左掌至右胸前，掌心斜朝前，與右掌心斜相對，成抱球狀；眼隨視動作，即轉向前平視。（圖167、圖168）

【要點】同第四式攬雀尾中第5.動右掤要點。

2. 右三環套月

動作和要點與第四式攬雀尾中第 6. 動右三環套月相同，參見圖25—圖28。

3. 右　掤

動作和要點與第四式攬雀尾中第 7. 動右掤動作相同，參見圖29、圖30。

4. 左穿掌右纏捋

動作和要點與第四式攬雀尾中第 8. 動左穿掌右纏捋相同，參見圖31—圖34。

5. 車輪擠

動作和要點與第四式攬雀尾中第 9. 動車輪擠相同，參見圖35—圖37。

6. 弓步按

動作和要點與第四式攬雀尾中第 10. 動弓步按相同，參見圖38—圖41。

第五十式　左右托捋

動作和要點與第五式左右托捋相同，參見圖42—圖47。

第五十一式　單　鞭

動作和要點與第六式單鞭相同，參見圖48—圖53。

圖169

第五十二式 雲手（一）

①上動不停，內氣右旋，帶腰右轉；右前腳掌向外碾轉，腳尖朝正南，身體重心移向右腿，左前腳掌向內碾轉，腳尖朝正南；同時，右勾變掌旋腕順時針向下經腹、胸前弧形移至右側前方，掌心朝外，指尖朝上，腕與肩平，鬆肩垂肘；左掌向下、向裏弧形移至胯前，掌心朝下，指尖朝前下，左臂微屈；眼視右掌方向。（圖169）

②內氣左旋，帶腰左轉；身體重心移至左腿，左膝屈蹲，右腳提至左腳內側併步不落實；同時，左掌向右、向上畫弧經臉前內旋向左前方劈掌，腕與肩平，掌心朝外，指尖朝上，鬆肩屈臂垂肘；右掌外旋向下、向左畫弧經右胯、小腹移至左腹前，掌心朝裏，指尖朝左，右臂微屈，

圖170

圖171

鬆肩沉肘；眼隨視動作。（圖170、圖171）

第五十三式　雲手（二）

①上動不停，內氣右旋，帶腰右轉；右腳踏實，左腳虛起向左側邁步，身體重心移至左腿，右腳提至左腳內側併步不落實；同時，右掌隨轉腰向上、向右經臉前內旋畫弧劈掌，掌心朝外，指尖朝上；左掌外旋向下經左胯、小腹弧形移至右側肋前，掌心朝上，指尖朝右；眼隨視動作。（圖172、圖173）

②內氣左旋，帶腰左轉；右腳落實，提左腳向左側橫邁一步，腳尖朝南，身體重心移至左腿，左膝屈蹲，右腳提至左腳內側虛提不實；同時，左掌經臉前向左側畫弧劈掌，掌心朝外，指尖朝上；右掌經右胯、腹前向左弧形移

| 圖172 | 圖173 |

至左肋前，掌心朝內，指尖朝左；眼隨視左掌，參見圖170、圖171。

第五十四式　雲手（三）

動作與第五十三式雲手（二）相同，參見圖172、圖173與圖170、圖171。

【要點】身體保持中正，不可左右搖晃，以腰的轉動帶動肢體運動。內外上下協調一致，步法輕靈，動作圓滿，連貫不斷，雲手上護頭、下護身，高不過眉、遠不過尺，身體放鬆，頭向上領。

第五十五式　左單鞭

上動不停，內氣右旋，帶腰右轉；身體重心移至右腿，右膝屈蹲，左腳虛起；同時，右掌向右、向上經臉前

圖174　　　　　　　　　　　圖175

內旋翻掌畫畫弧移至右側前方，掌心朝上，指尖斜朝右上方；左掌向下經左胯、小腹弧形移至右肩前，掌心朝右，指尖斜朝右上，與右掌斜相對，成抱球狀；眼神先顧左掌後顧右掌，即轉向右前平視。（圖174）

以下動作和要點與第六式單鞭相同，參見圖48—圖53。

第五十六式　回身右單鞭

①上動不停，內氣右旋，帶腰右轉；右腳向外碾轉45°，腳尖朝南，身體重心右移，右膝屈蹲，左腳向內碾扣45°，兩腳平行；同時，右勾變掌外旋弧形移至右側，腕與肩平，掌心朝外，指尖朝上，鬆肩垂肘，右臂微屈；左掌旋轉向下經左胯移至右腹前，掌心朝裏，指尖朝下；眼隨視右掌。（圖175）

圖176

圖177

②內氣左旋，帶腰左轉；左前腳掌向外碾轉，身體向左移重，左膝屈弓；同時，左掌外旋向上、向左弧形移至左肩前，鬆肩垂肘，掌心朝右，指尖朝上；右掌向下經右胯、腹前弧形移至左側胸前，掌心朝左，指尖朝上，兩掌相對；眼隨視左掌。（圖176）

③內氣繼續左旋，帶腰向左揉轉；身體重心移至右腿，右膝屈蹲，左腳尖翹起；同時，兩掌逆時針畫弧從左前方回到胸前；眼隨視兩掌（圖177）；

身體重心移至左腿，左前腳掌內扣落地，腳尖朝東南，右腳提收至左腳內側，前腳掌虛點地；

同時，兩掌逆時針向外往內畫圈至胸前；內氣繼續向左旋，帶腰繼續左轉；左掌內旋掌心朝下繼續畫圈，從右掌上抹過，隨之五指撮攏成勾，勾尖朝下，腕與肩平；右

圖178

圖179

掌外旋掌心朝上向外、向內畫圓，與左掌上下相對運動，左掌成勾的同時右掌內旋成側立掌，掌心朝裏，指尖對左腕部，距離大約10公分，肘部略低於腕，鬆肩墜肘；身體中正，面向東南；眼神先顧左掌後顧右掌。（圖178、圖179）

④內氣右旋，帶腰右轉；右腳向右側（西）弧形邁出一步，腳跟落地，前腳掌向外碾轉，腳尖朝西，稍內扣，隨著轉腰移重右腿，右膝前弓，左腿自然伸直，成右弓步；同時，右掌隨轉體弧形移至右前方；內氣繼續右旋，腰繼續右轉，坐重左腿，右腿斜伸，腳尖翹起；右掌內旋弧形抽回右肩前，掌心斜朝前，指尖斜朝上，左勾逆時針畫一小圈。（圖180—圖182）

圖180

圖181

圖182

⑤內氣內旋，帶腰收臀團身，內氣向前旋蕩，帶腰向
上伸展；身體重心移向右腿，右前腳掌落地，右膝屈弓，
左腿自然伸直，成右弓步；同時，右掌向下、向前弧形推

圖183　　　　　　　　　　圖184

出，掌心朝前（西），指尖斜朝上，腕與肩平，沉肩墜肘，左勾同時向外發放；眼隨視動作，即轉向前平視。（圖183、圖184）

⑥內氣右旋，帶腰右轉；同時，右掌順時針畫一個小立圈向前再次推按，左勾逆時針畫一小平圈向外再次發放；眼神關注右掌，即轉向前平視。

【要點】身體保持中正鬆揉，不可歪斜。勾手向外發放時勁點在腕上，全身放鬆，關節伸長，頭向上領，鬆肩垂肘。動作與內氣協調一致，輕靈圓活，連綿不斷。

第五十七式　右托捋

①上動不停，內氣右旋，帶腰右轉；同時，左勾變掌隨腰向右弧形移至右側，掌心朝下，指尖朝右前，略高於

圖185　　　　　　　　圖186

右肩；右掌外旋向右側弧形伸出，掌心朝上，指尖朝前，屈臂斜伸，兩掌成托挒式；眼神先顧左掌後顧右掌，即轉向前平視。（圖185）

②內氣左旋，帶腰左轉；左腳向外碾轉，腳尖朝南，身體重心移向左腿，左膝屈蹲，右腳內扣，腳尖朝南；同時，兩掌向左平行托引，右掌弧形移至右胸前，與肩同高，掌心朝上，左掌弧形移至左胸前，略高於肩，掌心朝下；眼隨動作而視。（圖186）

【要點】右托左挒時，身體保持中正，有托、引、帶之勁。

第五十八式　翻身左托挒

①上動不停，內氣左旋，帶腰左轉，右腳收至左腳內

圖187 圖188

側虛點地；同時，左掌向左前弧形伸展，臂略彎曲，鬆肩垂肘，掌心朝上，指尖朝左前方，高與肩平；右掌向左弧形移至左胸前，掌心朝下，指尖朝左，與肩同高，成左托右捋勢；眼神先顧左掌後顧右掌，即轉向左掌前方。（圖187）

②內氣右旋，帶腰右轉；右腳向右橫開一大步，腳尖略朝西南，右膝微屈，隨之向右腿移重心；同時，兩掌向右側弧形托捋，右掌移至右胸前，掌心朝下，指尖朝左，左掌移至胸前，屈臂垂肘，掌心朝上，指尖朝左；眼隨視動作。（圖188）

【要點】左托右捋時，有托、引、帶之勁，保持身體中正。

圖189

第五十九式　蛇身下勢

上動不停，內氣向下旋轉，鬆腰團身收尾骨；右腿屈膝全蹲，左腿在左側平鋪斜伸成仆步，全腳落地；同時，右掌經右側畫下弧移至右膝內側，掌心朝內，指尖朝前（東）；左掌經右肩向下過腹弧形移至左膝前，掌心朝外，指尖朝左；眼隨視動作。（圖189）

【要點】內氣先右旋再向下旋轉，腰先右轉再往下屈腿蹲身時再向左轉。動作連貫，協調一致，下勢的重心在右腿。

第六十式　右穿掌

①上動不停，內氣左旋，帶腰左轉；左前腳掌外碾，腳尖朝正東，身體重心移至左腿，左膝前弓，右前腳掌隨

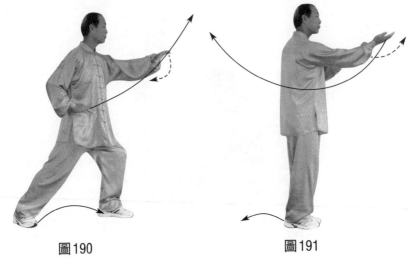

圖190   圖191

132

之碾扣,腳尖朝東南,成左弓步;同時,兩掌向左弧形移動,左掌內旋移至左前方,掌心朝下,指尖朝右前;右掌外旋收至腰側,掌心斜朝前,指尖斜朝下;眼隨視左掌前。(圖190)

②內氣左旋,帶腰左轉;身體重心移至左腿,右腳用力蹬地提收虛並於左腳內側,身體轉向正東;同時,右掌向前上方弧形穿出,掌心、指尖斜朝上;左掌收回至右肘內側,掌心朝下,指尖朝右;眼神先顧左掌後顧右掌,即轉向前平視。(圖191)

【要點】上身保持中正;穿掌時鬆腰、鬆肩、垂肘,腕、指關節要直,不可用力,指尖高不可過鼻,上下動作協調一致。

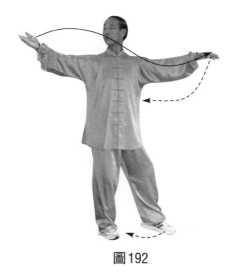

圖192

圖193

第六十一式　右高探馬

①上動不停，內氣右旋，帶腰右轉；右腳向後撤一大步，身體重心移至右腿，右膝微屈，左腳略向內扣；同時，兩掌前後分開，左臂向左前方伸展，掌心朝下，指尖朝左，與肩同高；右掌向下經右胯往右上方弧形托起，與肩同高，掌心朝上，指尖朝右（西）；眼隨視右掌。（圖192）

②內氣左旋，帶腰左轉；左腳向回抽半步，腳跟提起，成左小虛步；同時，右臂屈肘捲肱，右掌向上經右耳根橫掌向前弧形按出，小指側斜朝上，掌心斜朝下，指尖朝左，右臂微屈，肘部稍低於腕，掌與肩平；左臂外旋翻掌，指尖朝右橫掌畫弧抽回腹前，掌心朝上；眼隨視動作。（圖193）

圖194　　　　　　　　　圖195

134

【要點】右掌向前按出時氣往下沉、身往上起、勁到手掌。動作內外上下協調一致，身體保持中正，含胸拔背，沉肩墜肘。

第六十二式　左如封似閉

上動不停，內氣左旋，帶腰左轉；右掌由左向內經左胸弧形移至右胸前，成斜立掌，左掌輕擦著右前臂外側弧形移至左胸前；同時，左腳向左前方邁出一步，腳尖朝東北，屈膝半蹲，右腳稍內扣碾轉，腳尖朝東，右腿自然伸直，成左弓步；兩掌向左前方弧形按出，掌心朝前，指尖朝上；眼隨動作而視。（圖194、圖195）

【要點】身體保持中正，含胸拔背，沉肩墜肘，動作連貫，內外協調一致。

圖196

圖197

第六十三式　左右橫圈手

①上動不停，內氣逆時針平旋，腰隨之揉轉；身體重心先移至右腿，左腳尖翹起，隨即向前移至左腿，左腳尖落實，左膝屈弓，成左弓步；同時，右掌外旋逆時針畫弧經腹前抽至右肋前內旋向左上畫弧至胸前，掌心朝下，指尖朝左，與胸同高；左掌內旋逆時針畫弧向左前方至左胯外時，外旋弧形收至腹前，掌心

圖198

朝上，指尖朝右，兩掌心相對，成抱球勢；眼顧兩掌，即轉向前平視。（圖196—圖198）

圖199　　　　　　　　　圖200

②內氣順時針平旋，身體重心移至右腿，右膝屈蹲；左腳尖翹起，隨即向前移至左腿，左膝屈弓，右腿斜伸，成左弓步；同時，右掌向下經右胯外外旋弧形移至腹前，掌心朝上，指尖朝左；左掌內旋經左胯外向右上畫弧至胸前，掌心朝下，指尖朝右，兩掌相對，成抱球狀；眼隨動作而視。（圖199、圖200）

【要點】身體保持中正，全身放鬆，動作柔活連貫。兩掌橫圈要畫圓、不可斷，上下協調一致，前後反覆移重心輕靈順暢，不可前俯後仰、左右倚斜、上下起伏。

第六十四式　上掤下圈

上動不停，內氣內旋，身體重心向右腿坐重，右腿屈膝半蹲；同時，兩掌內旋上掤弧形舉至頭前上方，兩掌距離20公分，指尖斜相對，兩臂微屈撐圓；隨即內氣向上旋

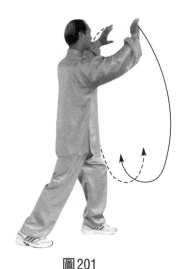

圖201

圖202

又下沉丹田，身體重心移向左腿，兩腿屈膝半蹲（東北方向）；兩掌向左右兩側邊分邊外旋畫半圈至膝下相對圈抱，左掌在裏，成十字手狀，掌心斜朝裏；眼隨動作而視。（圖201、圖202）

【要點】上掤時，兩臂撐圓，不可聳肩，頭不能後仰望天；下圈好似搬物，屈膝下蹲，不可低頭。

第六十五式　右分腳

上動不停，內氣右旋，帶腰右轉，身升起立；同時，兩臂交叉抱至胸前，臂屈肘墜，距胸30公分左右；右腿屈膝提起向右前（東南）上方弧形分腳，腳面自然繃平，高與胯平；右掌隨分腳向前分展，掌心朝下；左掌隨分腳向左前方分展，掌心朝下；眼神隨視右掌，即轉向前平視。（圖203、圖204）

圖203　　　　　　　　　　　圖204

【要點】分腳時，身體保持中正，左腿微屈，不可挺直，鬆肩展臂，肘微屈；分腳用腰的旋轉力，胯要鬆活，膝略有彎曲，勁貫至右腳上，手腳動作同時完成。

第六十六式　左高探馬

上動不停，內氣繼續右旋，右腿屈膝收回，右腳向右前方（東南）落步，右膝自然彎曲，左腿自然伸直；同時，右掌外旋翻掌；向下橫掌弧形收至腹前，掌心朝上；左掌外旋翻掌

圖205

向上經左耳根橫掌內旋向前弧形按出，掌心斜朝前，指尖朝右；眼神先顧右掌後顧左掌，即轉向前平視。（圖205）

圖206

圖207

【要點】同第六十一式右高探馬。

第六十七式　右如封似閉

動作和要點與第六十二式左如封似閉相同，唯氣機和左右及運動方向相反，面向東南方。（圖206、圖207）

第六十八式　左右橫圈手

動作和要點與第六十三式左右橫圈手相同，唯氣機和左右及運動方向不同，面向東南方。（圖208—圖212）

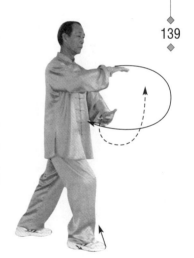

圖208

圖209

圖210

圖211

圖212

第六十九式　上掤下圈

動作和要點與第六十四式上掤下圈相同，唯氣機和左

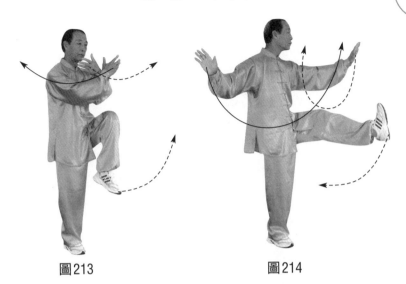

圖213　　　　　　　　圖214

右運動方向不同（東南方向），
參見圖201、圖202。

第七十式　左分腳

　　動作和要點與第六十五
式右分腳相同，唯氣機和左
右運動方向不同（東北方
向）。（圖213、圖214）

第七十一式　掛樹蹬腳

　　①上動不停，內氣左旋，帶
腰稍左轉，左腿屈膝；同時，兩
掌經腹前向上圈抱至胸兩前臂搭成十字手，右掌在外，兩
掌心朝內；眼視兩掌前。（圖215）

圖215

圖216

②內氣左旋，收臀團身，右腿屈膝下蹲；內氣右旋，上體向前俯，左腳向後直蹬；同時，右掌向前立掌直穿，左掌下按至腹前，掌心朝蹬腳方向；眼視右掌前方。（圖216）

【要點】收腿團身蓄足氣，向後蹬腳微展腰，穿掌蹬腳要同時，右腿獨立要屈膝降低勢架，動作沉穩勿搖晃。

第七十二式　轉身左蹬腳

上動不停，內氣內旋，帶腰團收，左腿屈膝收提，身體直立；兩掌向胸前合抱交叉，距胸30公分左右，掌心朝裏，掌指朝上，左掌在外；隨即內氣左旋，帶腰左轉；右前腳掌向內碾轉，腳尖朝北，迅速向左後方轉體朝北，左腳向左側（西）蹬出；同時，兩掌內旋向上、向左右兩側弧形分揮，掌心朝外，掌指朝上，略高於肩；眼視左前方。（圖217、圖218）

【要點】蹬腳與分掌同時，獨立站穩，兩臂垂肘勿直，腳蹬出與胯根平即可，不宜過高。蹬腳時要含胸向前

圖217

圖218

合身，不可後仰，蹬腳要快，以腳跟為著力點。

第七十三式　左摟膝拗步

①上動不停，內氣逆時針右轉，帶腰微右轉，左腿屈膝收回，左腳提於襠前；同時，兩掌外旋，兩臂垂肘，前臂豎立，向中間弧形合掩至胸前；眼神先注左掌，後顧右掌。（圖219）

②內氣繼續右旋，帶腰右轉；右腿屈膝下蹲，左腳虛點地；同時，左掌經右胸向下弧形摟至腹前，掌心朝下；右掌經左胸向下弧

圖219

圖220

形摟至腹前隨即外旋向右後上方弧形揮起，掌心朝上；眼隨右掌而視。（圖220）

以下動作和要點與第十五式左摟膝拗步中的②相同，唯運動方向相反，參見圖81、圖82。

第七十四式　左托扨右摟膝拗步

動作和要點與第十六式左托扨右摟膝拗步相同，唯運動方向相反，參見圖83—圖88。

第七十五式　右托扨進步栽捶

此式中的①、②、③動與第十七式右托左扨摟膝拗步中的①、②、③動相同，唯運動方向相反，參見圖89—圖92。

④上動不停，內氣繼續左旋，帶腰左轉；左腳提起經右腳內側向前落步，身體重心移至左腿，左膝前弓，右腿

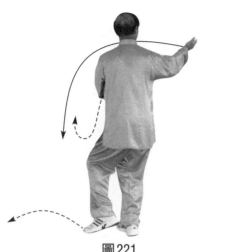

圖221　　　　　　　　　圖222

自然伸直，成左弓步；同時，內氣經下腹向上捲起，帶腰收臀團身；右掌經頭右側握拳由右肩前向前下方栽（拳面朝下）至膝前，左掌合扶於右臂內側，掌心朝下；眼視栽拳前。（圖221、圖222）

【要點】托捋意要真，轉身換步輕靈圓活，栽捶要領頭鬆肩，內氣下沉。保持身體中正，下蹲時要收臀團身。

第七十六式　倒步撩陰捶

①上動不停，內氣下沉，帶腰向下略放鬆；同時，右拳勾腕以拳背向上提擊，與肩同高，左掌下按；內氣向上捲起，帶腰團合收尾骨；隨即右拳外旋立前臂於胸前向下頓肘，左掌沿著右臂外側弧形上挑；眼隨視左方。（圖223、圖224）

圖223

圖224

②內氣順時針右旋，帶腰右轉；身體重心稍右移，左腳尖向內碾扣朝北，隨之重心左移，左腿屈蹲，右腳提起經左腳後向左側插步；隨即內氣先下旋後向上翻捲，兩腿屈膝下蹲；同時，左掌內旋經右脅沿右臂外側弧形向上挑至頭左上角，掌心朝外，指尖朝右上；右肘向後外側收回，右拳以右肘為圓心向下行經膝前向右側以拳背旋腕撩擊，拳與襠同高，挑腕，拳心朝下，拳眼朝內；眼神隨視右拳。（圖225、圖226）

【要點】轉體下蹲平穩不晃，撩陰要旋腕撩擊，有挑勁，栽捶、提腕、頓肘上下返復、陰陽頓挫，並以內氣上下翻滾帶動腰身，腰身帶動四肢。鬆肩，頭有上頂之意，身體保持中正。

圖225

圖226

147

第七十七式　扇通背

上動不停，內氣由前上向後下旋，帶身稍起；重心移至右腿，提起左腳跟，腳掌著地，成左虛步，兩腿屈膝下蹲；同時，右拳變掌內旋向上掤架至頭前上方，掌心朝外，指尖朝前，拇指朝下，屈肘沉肩；左掌向下經胸向正前方弧形按出，掌側立，高與鼻齊；眼視正前方。（圖227）

【要點】起身穩，兩腳站成小虛步，上架和向前按掌要消肩墜肘，臂屈勿直。

圖227

圖228　　　　　　　　圖229

第七十八式　白蛇吐信

①上動不停，內氣向左下方旋蕩，帶腰向左微轉，團身收臀；同時，右掌橫掌向下弧形按至腹前，掌心朝下，指尖朝左前；左掌外旋收至左脅側，掌心朝上；眼視前方。（圖228）

②內氣向右前旋蕩，帶腰右轉；左腳向前上步，隨之重心移至左腿，屈膝前弓，右腿自然伸直，成左弓步；同時，右掌稍許下按，左掌從右掌背上方向前仰掌直穿，指尖朝前，掌略低於肩，右掌心朝下橫掌按在左肘下；眼視插掌前方。（圖229）

【要點】向下按掌肩要鬆沉用內勁，仰掌前插如蛇吐

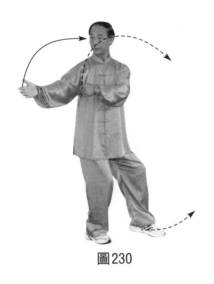

圖230　　　　　　　圖231

信，肘須屈，有彈性，腋要虛，勿夾力，領頭拔背，身體中正。

第七十九式　左右搬攔捶

①上動不停，內氣右旋，帶腰右轉；身體重心右移，右膝屈蹲，左腳虛提稍收於右腳內側；左掌內扣變拳，向右下搬掛至右肋前，拳心朝下；右掌隨左掌同動，向右後揮起，與左拳同高，掌心朝上；隨即內氣向左側斜向旋轉，帶腰左轉；左腳向左前方弧形搬步，腳尖外展朝東北方；同時，左拳向上經胸向前弧形反背劈打，拳背朝前下，拳面朝前上；右掌揮至右胸前，掌心與左拳心相對；眼隨視左拳。（圖230、圖231）

②內氣左旋，帶腰左轉，身體重心移至兩腿中間，膝

圖232

屈低勢;內氣從左下方經右前上方向下旋蕩,帶腰隨之揉轉;同時,左拳弧形拉至左脅前;右掌向前弧形按出,鬆肩垂肘,坐腕領指,掌心朝前,指尖朝上,與肩同高;目視按掌前方。(圖232)

以下動作與第四十八式進步搬攔捶相同,唯運動方向相反,參見圖163、圖164。

【要點】左右搬攔緊相連,靈活圓轉氣騰然,搬走讓中需中正,弧線按掌要消肩,提掌揉腰畫小圈,隨即進捶打中間,沉肩垂肘鬆腰胯,發勁瞬間梢節緊。

第八十式　上掤下圈

動作和要點與第六十四式上掤下圈相同,參見圖201、圖202。

圖233　　　　　　　　　　　圖234

第八十一式　右蹬腳

①上動不停，內氣由下向左上方旋轉，隨之身體重心左移；左腳蹬力身體向上升起，提起右腳，左腿屈膝獨立；同時，兩掌下圈抄起兩前臂搭成十字，隨身體直起移至胸前，距胸30公分，左臂在裏，鬆肩墜肘，掌心朝內，與肩同高；眼神注視兩掌前。（圖233）

②內氣逆時針右旋，帶腰向左微轉，右腳以腳跟著力向右側（東南方）蹬出；同時，隨即兩掌內旋向上、向左右兩側弧形分開，立掌、掌心向外，指尖朝上，略高於肩，右掌與右腿上下相對；眼隨視右掌，即轉視右側。（圖234）

【要點】蹬腳、分掌同時，獨立站穩，身體中正，蹬

圖235   圖236

腳與胯平即可，不宜過高。兩臂微屈，鬆肩垂肘，不可挺
直。

第八十二式　捋搧左打虎勢

①上動不停，內氣向右下方旋，帶腰右轉，隨之右腿
屈膝收提；同時，右掌外旋收至右肋前；左掌向上舉於頭
左額上方，掌心朝外，屈肘內圈；眼視右側前方。（圖
235）

②內氣繼續向右下方旋，帶腰繼續右轉；隨之團身收
尾骨，右腳落地，右膝屈蹲；同時，左掌心朝下橫掌向右
下方採蓋至右脅前；右掌從左掌背上方向右側斜上方弧形
穿出，掌心朝上，指尖朝前，鬆肩垂肘，左掌正好採蓋至
右肘下方；眼隨視動作。（圖236）

圖237

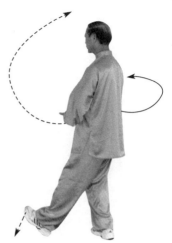

圖238

③內氣向左旋轉，帶腰左轉；左腳向後退一步，身體重心後移；同時，右掌稍向上提隨即向內旋扣，隨身體的移重兩掌向左下方捋，右前腳掌翹起向內碾扣；兩掌向左側挒，身體轉向西北，兩掌外旋相靠，掌心朝上，身體重心移至右腿，左前腳掌翹起，兩臂屈肘，將兩掌收至小腹前；眼神隨視兩掌。（圖237、圖238）

④內氣右旋，帶腰右轉；身體重心移至左腿，左膝前弓，右腿自然伸直，成左弓步；同時，兩臂屈肘，兩掌向後微收，隨之握拳內扣向左右兩側弧形分至肩寬，左拳弧形上抬至頭高，右拳弧形收至右脅前，用拳面向中間合擊，左拳心朝外，右拳心朝下；眼神注視左拳，即轉視右前方。（圖239）

【要點】捋手順勢用身帶，捋勢變挒隨腰轉，鬆肩沉

圖239

圖240

肘頭頂領，兩拳打虎背撐圓。

第八十三式　左掏扇通背

①上動不停，內氣由前向上、向後下沿順時針立圈旋轉，帶腰團合；身體重心移至右腿，右腿屈蹲，左腿斜伸，左前腳掌翹起；同時，左拳變掌，前臂外旋向中間掩合，屈肘下收至左脅前，掌心朝上，指尖朝前；右拳變掌弧形向上挑架至胸高；眼神平視前方。（圖240）

②內氣由後上經前下向後上立圈旋轉，放直尾閭下沉，腰微右轉；身體重心移向左腿，左膝前弓，右腿自然伸直，成左弓步；同時，右前臂內旋向上弧形架起至頭右側，掌心朝外，掌指斜朝前上；左掌向前側立掌推按，與肩同高；眼神注視推按手前。（圖241）

圖241

圖242

【要點】坐重下收左掌、上架右掌時收合圍身，弓步扇通背時向下放直尾閭，勿翹臀。架掌時前臂斜立用外側向上架，身體保持中正，沉肩墜肘，頭領起。

第八十四式　白蛇吐信

①上動不停，內氣逆時針方向原路返回，帶腰向左微轉，圍身收臀；身體重心移至右腿，右膝屈蹲，左前腳掌翹起，左腿在前斜伸；同時，左掌外旋，掌心朝上，屈肘收至左脅際；右掌橫掌向左側弧形下蓋至左掌前，掌心朝下；目視左前方。（圖242）

②內氣逆時針轉立圈，隨之尾閭放直；身體重心前移至左腿，左前腳掌落地，左膝屈弓，成左弓步；同時，右掌向下沉按，左掌從右掌背上方向前上方弧形插出，右掌

圖243　　　　　　　圖244

按於左肘下；眼神注視左掌前。（圖243）

【要點】同第七十八式白蛇吐信。

第八十五式　捋挒右打虎勢

①上動不停，內氣順時針平旋，帶腰右轉向右腿坐重；隨之左掌內旋向前伸，腰帶左掌順時針畫一小斜立圈；右掌移至左肘內側，掌心斜朝外；隨即身體重心先右移，左腳向內碾扣，身體向右後方轉，面向東南，身體重心再移至左腿，左膝屈蹲，右前腳掌向外碾展，腳尖翹起；同時，兩掌內旋，掌心斜朝外向右後方弧形捋挒，隨即兩掌外旋相靠，掌心朝上，屈肘收至小腹前；眼隨視兩掌，轉視前方。（圖244、圖245）

②內氣右旋，帶腰微向右轉；同時，兩掌微向後收，

圖245

圖246

隨之握拳內扣向左右兩側弧形分至肩寬，右拳向上弧形抬至頭高，左拳弧形收至左脅前。

　　內氣向左旋蕩，帶腰左轉；身體重心向前移至右腿，右膝前弓，左腿自然伸直，成右弓步；同時，兩拳用拳面向身前中間合擊，右拳心朝外，在頭右側，左拳心朝下，在胸右側；眼神注視右拳，即轉視左前方。（圖246）

　　【要點】同第八十二式将捌左打虎勢。

第八十六式　右掏扇通背

　　動作和要點與第八十三式左掏扇通背相同，唯氣機和左右運動方向相反，參見圖240、圖241。

第八十七式　白蛇吐信

　　動作和要點與第八十四式白蛇吐信相同，唯氣機和左

圖247

圖248

右動作及運動方向相反，參見圖242、圖243。

第八十八式 引海底針

①上動不停，內氣逆時針左旋，帶腰左轉；身體重心移至左腿，左膝屈蹲；同時，右臂屈肘向左微收，掌指斜朝右上，左掌在右肘下不變；眼神關顧右掌前。（圖247）

②內氣左旋，帶腰左轉；左腳向外碾轉，身體重心移至左腿，右腳向內碾轉，兩腳尖朝東北；內氣向內旋轉，隨之鬆腰收尾閭，兩腿屈膝下蹲；同時，右掌隨勢經頭右側、右胸弧形往下墜至左小腿前，掌心朝左，指尖朝前；左掌隨勢移至右腕內側，掌心朝下；眼隨動作而視。（圖248）

【要點】要有引拔之勁，動作順暢，兩掌下墜時，似千斤墜地。往下蹲時收臀，身體保持中正。

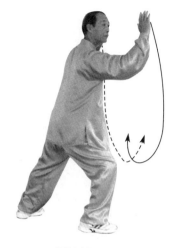

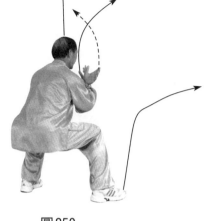

圖249　　　　　　　　圖250

第八十九式　上掤下圈

①上動不停，內氣右旋，左腳蹬力，身體向上升起邊向右轉邊向右腿移重心，右膝屈蹲，左腿斜伸；同時，兩掌內旋上掤弧形舉至頭前上方向左右兩側分開，相距20公分，指尖斜相對，掌心朝外，兩臂屈肘向外撐圓往上掤架，右掌欲劈打卻又未打出；眼神隨注右側。（圖249）

②內氣向上旋轉，又下沉至丹田；身體重心移向左腿，左腿屈膝下蹲，向左轉體；同時，兩掌向左右兩側分開畫弧至膝下圈抱，左掌在裏，兩前臂交叉成十字狀，兩掌心朝裏；眼先隨視右掌，後轉視兩掌圈抱處。（圖250）

【要點】同第六十四式上掤下圈。

圖251

圖252

第九十式　右蹬腳

動作和要點與第八十一式右蹬腳相同，參見圖233、
圖234
。

第九十一式　雙峰貫耳

①上動不停，內氣左旋，帶腰左轉；右腿屈膝收提，
左腿稍向下蹲；同時，兩掌外旋弧形並於身前，掌心朝
上；眼隨視動作。（圖251）

②隨之右腳向後撤一步，左前腳掌向內碾扣，腳尖朝
東南，內氣右旋，帶腰右轉，右前腳掌向外碾轉，腳尖朝
南；兩掌隨轉體向右弧形捋挒，身體重心先移向右腿，隨

圖253

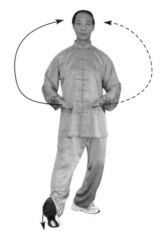

圖254

即向左腿坐重，右前腳掌翹起，
兩掌弧形收至小腹前，身體面向
正南。（圖252—圖254）

③內氣向前旋蕩，帶腰向右
腿移重，右前腳掌落實，右腿弓
膝，左腿自然伸直，成右弓步；
同時，兩掌握拳內扣經左右兩側
向上略高於兩肩時向中間弧形合
擊，拳面相對，相距20公分左
右，內氣下沉，屈膝半蹲；目視
兩拳前。（圖255）

圖255

【要點】兩掌隨轉體弧形向
外捋，回收時捋採，化開兩拳，貫耳合擊時沉肩含胸，身
體中正，氣沉丹田。

圖256

第九十二式　上搠下圈

動作和要點與第六十四式上搠下圈相同，唯方向不同（正南方），參見圖201、圖202。

第九十三式　左蹬腳

動作和要點與第八十一式的右蹬腳相同，唯左右動作相反，站位面向朝南，提左腳向左側（即東方）蹬出。（圖256）

第九十四式　轉身右蹬腳

①上動不停，內氣順時針右轉，帶腰右轉360°，面朝北；左腳隨轉體向右側扣腳落步，屈膝下蹲；同時，兩掌外旋向裏、向上、向左右弧形分開向下經小腹至胸前架

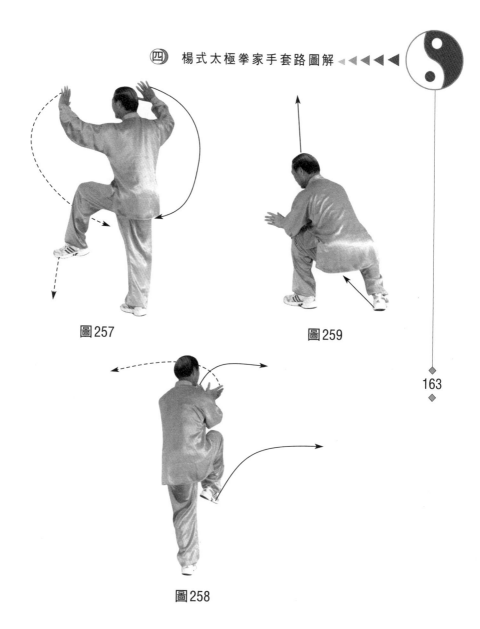

圖257

圖259

圖258

起，兩前臂交叉，成十字手狀，右掌在外，兩掌心朝裏，
指尖斜朝上；左腳蹬力，身體直起，右腿屈膝提起；眼隨
視動作，即轉視兩掌前。（圖257─圖259）

圖260　　　　　　　　圖261

②內氣繼續順時針右旋，右腳向右側蹬出，與胯同高；同時，兩掌內旋，變掌心朝外，向上、向左右兩側弧形分揮，右掌與右腿上下相對；目轉視右側前方。（圖260）

【要點】轉身要快捷，乾淨俐索，獨立站穩，身體不偏不倚，鬆肩垂肘，頭頂領。蹬腳時內氣下沉。

第九十五式　反背捶撲面掌

上動不停，內氣向右下方順時針旋轉，帶腰先微右轉隨即向左揉轉；右腳下落，成小虛步，左腿屈膝半蹲，重心坐於左腿；右臂內旋向左弧形下掛，左掌隨其動與右掌背相照下掛於左側；內氣繼續順時針旋蕩，帶腰向右下揉轉；右掌握拳外旋上翻經左胸向前用拳背弧形劈打，拳心朝內；隨即，左掌隨右拳經頭左側向右拳處弧形按出，坐

圖262　　　　　　　　　圖263

腕舒指，指尖朝上，掌心朝前；右拳弧形抽至肋側，拳心朝上；眼神先隨視右手，後隨視左手，即轉向前平視。（圖261、圖262）

【要點】內氣斜向左右揉旋，帶腰揉轉要靈活，身體保持中正，含胸拔背，沉肩墜肘，撲面掌要徐徐放長勁，屈肘前伸。

第九十六式　倒步撩陰捶

上動不停，內氣經左前下方向右後逆時針旋轉，帶腰向右後方轉；右腳隨之向後退一步，腳尖朝西南，身體重心移至右腿，左前腳掌向內碾扣，腳尖朝南，兩腿屈膝下蹲；同時，右掌握拳，用拳背順勢向後挑腕弧形撩擊，拳背朝上，與襠同高；左掌隨右拳弧形向右扶於右肘內側；眼神隨視右拳，即轉視右拳前方。（圖263）

圖264　　　　　　　　　　　　圖265

　　【要點】動作順暢靈活，撩陰時需旋腕上挑，沉肩墜肘，身體中正。

第九十七式　反摟膝

　　①上動不停，內氣逆時針左旋，帶腰左轉；同時，左掌順勢向左弧形摟至左膝外側，掌心朝後；右臂屈肘，右拳斜伸於右側，拳心朝下；目視左前下方。（圖264）

　　②內氣繼續左旋，腰繼續左轉；重心完全移至左腿，左腳蹬力，身體向上稍升起，右腳收提至左腳內側虛擦地面，隨即又向後退回一步，腳尖朝東南，身體重心移至右腿，右膝屈蹲，左腳略抽回半步，成左虛步，轉體正東；同時，右臂屈肘，右拳弧形上舉經肩、胸前變橫掌蓋壓至腹前；眼先隨視左掌，後隨視右掌轉視前方。（圖265、圖266）

圖266

圖267

【要點】進退轉體輕靈順暢，無停無滯，屈蹲要收臀，身體中正，摟膝要塌肩隨勢轉摟，退步蓋掌沉肩領頭。

第九十八式　白蛇吐信

上動不停，內氣向下經後向上翻轉，帶腰收臀團合；左腳向前邁步，腳尖朝東南，身體重心向前移至左腿；內氣向右旋，帶腰向右揉轉；同時，右掌向下沉按；左掌經右掌背上方向前上方仰掌插出，掌心朝上，與肩同高，右掌收於左肘下；眼神轉視左掌前。（圖267）

【要點】同第七十八式白蛇吐信。

第九十九式　左右搬攔捶

動作和要點與第七十九式左右搬攔捶相同，參見圖230—圖232。

第一〇〇式　如封似閉

動作和要點與第二十二式如封似閉相同，參見圖
102—圖105。

第一〇一式　十字手

動作和要點與第二十三式十字手相同，參見圖106—
圖109。

第一〇二式　抱虎歸山

動作和要點與第二十四式抱虎歸山相同，參見圖
110—圖113。

第一〇三式　斜攬雀尾

動作和要點與第二十五式斜攬雀尾中1. 右掤相同，參
見圖114、圖115。

以下動作和要點與第四式攬雀尾中5. 右掤、6. 右三環
套月、7. 右掤、8. 左穿掌右纏将、9. 車輪擠、10. 弓步按
相同，唯運動方向朝西北，參見圖23—圖41。

第一〇四式　左右托将

動作和要點與第五式左右托将相同，唯運動方向朝西
北，參見圖42—圖47。

第一〇五式　左斜單鞭

動作和要點與第六式單鞭相同，唯最後左腳落步朝東

南方，面朝東南方，右手做成勾手，左掌向前按，參見圖
48—圖53。

第一〇六式　右斜單鞭

動作和要點與第五十六式回身右單鞭相同，唯最後右
腳落步朝西北方向，面朝西北方，左手做成勾手，右掌向
前按，參見圖175—圖184。

第一〇七式　左野馬分鬃

1. 左抱球

上動不停，內氣逆時針左旋，帶腰微向左揉轉；隨之
左腳向外碾轉，腳尖朝南，身體重心移至左腿，左膝屈
蹲，右腳隨轉體收至左腳內側虛提；同時，左勾內旋變
掌，掌心朝外逆時針畫弧圈抱至胸
前，掌心朝下，指尖朝右前；右掌
外旋，順時針向右下畫圈經胯向左
移至小腹前，指尖朝左，掌心朝
上，兩掌心上下相對，成抱球狀；
眼隨視左掌。（圖268）

2. 右抱球

內氣順時針向右後下方旋滾，
帶腰向右揉轉；右腳向右側搬步，
腳尖朝西北，身體重心移向右腿，
右膝屈蹲，左腳跟提起，腳尖虛點

圖268

圖269 圖270

地，轉體西北方向；同時，右掌內旋向右側弧形抬起，掌心朝下移至胸前，與肩同高；左掌外旋向左下經胯隨腰右轉移至腹前，兩掌心上下相對，成抱球狀；眼隨右掌而視。（圖269）

【要點】左右抱球做捋挒，左抱球轉體採翻變成右抱球動作連貫順暢，內氣翻滾如浪捲，屈臂撐圓，鬆肩領頭。

3. 左野馬分鬃

內氣向左前上方旋轉，帶腰左轉；同時，左腳向左前方弧形邁一大步，腳尖朝西，重心漸漸向左移，左膝前弓，右腿自然伸直，成左弓步；同時，腰帶左臂向左（西南方）上方弧形揮展，掌心朝上，指尖朝西，轉體向西；右掌向右下方弧形捋採，指尖朝西，按於右胯外側，掌心朝下；眼隨左掌而視。（圖270）

圖271

圖272

【要點】分鬃時站正方、打斜方，內有肩打背靠，揮臂斜分用腰帶，拮揮未到位，內意勁已到位，圓活無滯，內意細微。

第一○八式　右野馬分鬃

①上動不停，內氣向右下旋，帶腰收臀團身向右轉；身體重心移向右腿，左前腳掌翹起，隨即身體重心向前移至左腿，左前腳掌落實，腳尖朝西南，左膝屈蹲，右腳收至左腳內側虛提不落地；同時，左掌順時針向右下經腹向右上畫弧圈抱至胸前，掌心朝下，指尖朝右；右掌由右胯旁順時針向左上畫圈經右胯外右掌外旋圈抱至腹前，掌心朝上，指尖朝左，兩掌心相對，成抱球狀，屈肘圈臂，鬆肩虛腋；眼先隨視左掌後隨視右掌。（圖271、圖272）

圖273

②內氣向右上旋，帶腰右轉；右腳向右側前方弧形邁一大步，腳尖朝西，隨之重心前移至右腿，右膝前弓，左腿自然伸直，成右弓步；同時，腰帶右臂向右上（西北方）方弧形揮展，掌心朝上，指尖朝西，轉體向西；左掌向左下方弧形捋採，按於左胯外側，掌心朝下，指尖朝西；眼隨視左掌，即轉視右掌前方。（圖273）

【要點】同第一○七式左野馬分鬃。

第一○九式　左野馬分鬃

動作和要點與第一○七式左野馬分鬃相同，參見圖268—圖270。

第一一○式　右野馬分鬃

動作和要點與第一○八式右野馬分鬃相同，參見圖

圖274

圖275

271—圖273。

第一一一式　攬雀尾

上動不停，內氣先左下旋再向右上旋，帶腰先向左腿坐重，右腳掌向內碾扣，腳尖朝西南，隨即向右腿移重，右膝屈蹲，左腳收於右腳內側虛提不落，轉體朝南；同時，左掌逆時針向右上方畫弧經腹過胸向左前弧形圈抄外旋回到腹前，掌心朝上，指尖朝右；右掌逆時針向左下方畫弧經腹前過右胯外向上內旋圈抱至胸前，掌心朝下，指尖朝左，與肩同高，兩掌上下相對，成抱球狀；眼隨視前方。（圖274、圖275）

以下動作和要點與第四式攬雀尾中的1.左掤、2.左三環套月、3.左掤、4.托将、5.右掤、6.右三環套月、7.右掤、8.左穿掌右纏将、9.車輪擠、10.弓步按動作相同，

參見圖11—圖41。

第一一二式　左右托挒

動作和要點與第五式左右托挒相同，參見圖42—圖47。

第一一三式　左單鞭

動作和要點同第六式單鞭，參見圖48—圖53。

第一一四式　右單鞭

動作和要點與第五十六式回身右單鞭相同，參見圖175—圖184。

第一一五式　右玉女穿梭

①上動不停，內氣左旋，帶腰左轉；左腳向外碾轉，腳尖朝東南，身體重心移至左腿，左膝屈蹲，右腳內扣虛提至左腳內側；同時，左勾變掌外旋向下，經腹前內旋從右胸前向左弧形挒挒，掌心朝下，與肩同高，肘屈垂；右掌向下經胯外勾腕掌心朝裏抄抱至小腹前，指尖朝左，與左掌成抱球狀；眼隨左掌而視。（圖276）

圖276

圖277

圖278

②內氣右旋，帶腰右轉；右腳向右側弧形搬步，腳尖朝西，左腳提起腳跟，腳尖虛點地，兩腿屈膝半蹲；同時，右掌上穿至胸前時內旋變掌心朝外向右弧形捯将至右胸前，掌心朝下，與肩同高；左掌外旋向下經左胯外向腹前抄抱，掌心朝上，指尖朝右，與右掌上下相對，成抱球狀；眼隨視右掌。（圖277）

③內氣右旋，帶腰右轉；左臂向上弧形抬至胸高，右肘向後弧形提拉，兩掌心前後相對；內氣左旋，腰向左轉；左腳向左前方（西南方）弧形邁一步，身體重心移向左腿，左膝前弓，右腿自然伸直，成左弓步；同時，左掌向左前方掤起，右掌與左掌相對向前推，兩臂撐圓；眼視左掌前。（圖278）

內氣繼續左旋，帶腰向右腿坐重；左前腳掌翹起，成

圖279

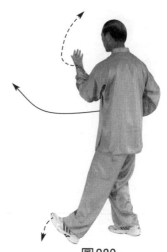

圖280

左虛步;同時,左掌變立掌,掌
心朝裏,兩掌逆時針向左畫圈至
左胸前;眼隨視兩掌前。(圖
279)

　內氣右旋,帶腰右揉轉;同
時,兩掌隨向右揉腰掤至右胸
前;眼隨視兩掌。(圖280)

　④內氣左旋,帶腰左轉;隨
之向左腿移重,左膝前弓,右腿
自然伸直,成左弓步;同時,右
肘向後稍拉上移,左掌內旋放平

圖281

順時針向上畫一立圈,掤架至頭左前上方,左臂圓撐,掌
心朝外,指尖朝右上方;右掌向前弧形按出,掌指朝上,

圖282

圖283

掌心朝前，與肩同高；眼隨視右掌，即轉視前方。（圖281）

177

【要點】左右捌掤抱球沉肩墜肘，圓活輕靈，左掤平圈要轉圓。穿梭掤架前臂斜撐內旋，肘要圈圓，身體保持中正。

第一一六式　左玉女穿梭

①上動不停，內氣右旋，帶腰右轉；身體重心向右腿坐重；同時，左掌前伸，掌心斜朝前下，兩掌隨身後坐向右下方弧形捌掤；眼隨視兩掌。（圖282、圖283）

②內氣右旋，帶腰右轉；左腳向內碾扣，腳尖朝北，右腳隨之向外碾轉，腳尖朝東北，身體重心移至右腿，右膝屈弓，成右弓步；同時，左掌稍外旋，右掌稍內旋，兩

| 圖284 | 圖285 |

掌心朝外隨轉腰向外捯；身體轉向東北，內氣逆時針在腹內立圈旋動，帶腰稍團身收臀；兩掌從腹前向上經胸向右上方弧形伸出，掌心朝下，左掌隨附右肘內側；眼隨視右掌。（圖284）

③內氣內旋，身體向左腿移重，右腳收於左腳內側虛提不落；同時，兩掌向左下方捋至身前，右臂屈肘，右掌外旋抄抱於腹前，掌心朝上；左臂向上平抬至胸高，兩掌心上下相對，成抱球狀；眼隨視左掌。（圖285）

④內氣右旋，帶腰右轉；右腳向右後方（東南）撤步，隨即向外碾轉，腳尖朝東南，左腳隨之內扣，腳尖朝東；同時，右臂向上弧形抬至胸高，掌心斜朝左；左肘稍向後弧形提拉，左掌心與右掌心前後相對，指尖朝斜上，

圖286

圖287

隨轉體兩掌向右側掤出；身體重心移至右腿，右膝前弓，左腿自然伸直，成右弓步；眼隨視兩掌。（圖286、圖287）

內氣繼續右旋，帶腰繼續右轉；身體重心後移，左膝屈蹲，右前腳掌翹起，右腿斜伸於前；右掌立掌，與左掌心相對，兩掌順時針向右前畫一平圈至右胸前，掌指朝上，與肩同高；垂肘虛腋；內氣左旋，帶腰左轉；兩掌弧形隨轉腰向左揉轉掤至左胸前，隨之左肘向後弧形上拉，右掌內旋放平；內氣右旋，帶腰右轉；身體重心移至右腿，右膝前弓，左腿自然伸直，成右弓步；同時，右臂順時針向上畫一立圈掤架於右額上方，掌心朝外，右臂屈肘圓撐；左掌向前弧形按出，掌心朝前，指尖朝上，與肩同高，鬆肩垂肘；眼隨視動作，即轉視左掌前。（圖288、289）

圖288

圖289

第一一七式 右玉女穿梭

①上動不停，內氣逆時針左轉，帶腰左轉；右掌前伸，兩掌心朝下，身體重心移至左腿，左膝屈蹲，收右腳虛提於左腳內側；同時，兩掌向左下方弧形捋挒，左掌捋到腹前外旋向左、向上抱至胸前，掌心朝下，指尖朝右，垂肘圈臂；右掌外旋向下抄抱於腹前，掌心朝上，指尖朝左，與右掌相對，成抱球狀；眼先顧左後轉顧左掌。（圖290、圖291）

②內氣順時針右旋，帶腰右轉；右腳向右側弧形搬步，腳尖朝東，隨之身體重心移至右腿，左腳跟提起，腳尖虛點地，屈膝在後；同時，右掌內旋掌心斜朝外向右側弧形挒捋至右胸前，掌心朝下，指尖朝左；左掌外旋隨上

圖290

圖291

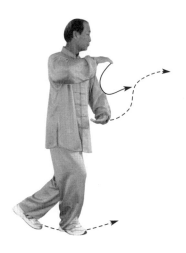

圖292

步轉身向腹前弧形抄抱，掌心朝上，指尖朝右，兩掌上下相對，成抱球狀；眼先顧左掌後顧右掌。（圖292）

以下動作與第一一五式右玉女穿梭相同，唯運動方向相反，面朝東北，參見圖278—圖281。

第一一八式　左玉女穿梭

動作和要點與第一一六式左玉女穿梭相同，唯運動方向相反，右腳向西北方撤步，轉體面向西北方向，參見圖282—圖289。

第一一九式　攬雀尾

①上動不停，內氣左旋，帶腰左轉；左腳向外碾轉，腳尖朝正南，身體重心移至左腿，右腳隨之向內碾扣，腳尖朝西南；同時，右掌前伸，兩掌心朝下向左下方弧形下捋，左掌捋至腹前內旋隨轉體向左上弧形捌捋至胸前，掌心朝下，指尖朝右，沉肩墜肘；右掌外旋向腹前弧形抄抱，掌心朝上，指尖朝左，兩掌上下相對，成抱球狀；眼視左前。（圖293）

②內氣右旋，帶腰右轉；身體重心移至右腿，右膝屈蹲，左腳收至右腳內側虛提；同時，右掌向上穿起至胸高時內旋變掌心朝外向右側弧形捌捋至胸前，掌心朝下，指尖朝左；左掌向左下經胯側外旋弧形抄抱至腹前，掌心朝上，指

圖293

圖294

圖295

尖朝右，兩掌上下相對，成抱球狀；眼先隨視左掌，後隨視右掌。（圖294）

③內氣左旋，帶腰左轉；左腳向前（正南方）弧形邁一步，隨之身體重心向前移至左腿，左膝前弓，右腿自然伸直，成左弓步；同時，右掌隨左掌向前弧形掤出，腕與肩平，肘部稍低於腕，左掌心斜朝上，指尖斜朝右，右掌心斜朝前，指尖斜朝上，成前掤狀；眼隨視掤出的兩掌，即轉向前平視。（圖295）

【要點】同第四式攬雀尾。

以下動作和要點與第四式攬雀尾中的2. 左三環套月、3. 左掤、4. 托捋、5. 右掤、6. 右三環套月、7. 右掤、8. 左穿掌右纏捋、9. 車輪擠、10. 弓步按動作相同，參見圖15—圖41。

第一二〇式　左右托挒

動作和要點與第五式左右托挒相同，參見圖42—圖47。

第一二一式　單　鞭

動作和要點與第六式單鞭相同，參見圖48—圖53。

第一二二式　上下雲手（一）

①上動不停，內氣向右旋蕩，帶腰右揉轉；右腳向外碾轉，腳尖朝正南，身體重心移至右腿，右膝屈蹲，左腳向內碾扣，腳尖朝正南；同時，右勾手變掌心朝外順時針向下、向左、向上、向右弧形劈掌，指尖朝上，掌心朝前，掌側立，臂屈曲伸展；左臂向下經腹移至右肋前，指尖朝右，掌心朝下，臂微屈；眼隨視右掌。（圖296）

②內氣向左旋蕩，帶腰左轉；身體重心移至左腿，左膝屈蹲；同時，右掌向下經右胯外過腹弧形移至左肋前，掌心朝上，指尖朝左；左掌向上經臉向左側轉腕劈掌，掌心朝外，指尖朝上，與肩同高，左臂微屈；眼神先顧右掌後隨視左掌。（圖297、圖298）

③內氣逆時針由左經下向右立圈旋蕩，帶腰隨勢揉轉；身體重心右移；同時，左掌外旋勾腕，掌心朝上弧形向右插至腹前；右掌內旋變掌心朝下移至腹前，兩掌背貼

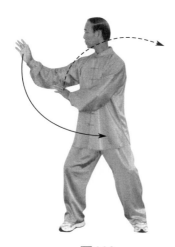

圖296

圖297

圖298

圖299

靠在一起；眼神隨視左掌。（圖299）

圖300   圖301

④上動不停，內氣繼續立圈向左旋蕩，帶腰隨勢先右後左揉轉；身體重心先右移再向左腿移動，左膝屈蹲；同時，兩掌逆時針從腹前悠蕩經右腋、面前向左前移動，兩臂屈肘抬至與肩平，右掌心朝外，指尖斜朝左；左掌心朝裏，指尖朝右。（圖300、圖301）

內氣逆時針由左經後向右平面旋蕩，帶腰隨勢平面揉轉；右腳向左腳併步虛提，兩膝屈蹲；同時，左掌立掌貼靠在右掌背上，兩掌逆時針方向畫一個小平圈，隨之左掌內旋向左側下方劈掌，鬆肩垂肘，臂微屈；右掌外旋，掌心朝內；眼隨視右掌。（圖302）

⑤內氣向右旋蕩，帶腰右轉；身體重心移至右腿，左腳虛起；同時，右掌經臉前內旋向右側弧形劈掌，掌心朝外，指尖朝上，高與肩平，鬆肩垂肘，臂微屈；左掌外旋

圖302 圖302

勾腕掌心朝內弧形經腹前至右脅
前，掌心朝上；眼神隨視右掌。
（圖303）

⑥內氣順時針由右經下向左立
圈旋蕩，帶腰向左揉轉；身體重
心左移，左腳落實，右腳虛起；
同時，左掌內旋掌心朝下弧形移
至腹前，右掌勾腕掌心朝上經右
胯弧形向腹前插，兩掌背貼靠在
一起；眼神隨視右掌。（圖304）

圖304

⑦內氣繼續順時針向右立圈旋蕩，帶腰先左後右揉
轉；身體重心先向左移再移至右腿；同時，兩掌順時針悠

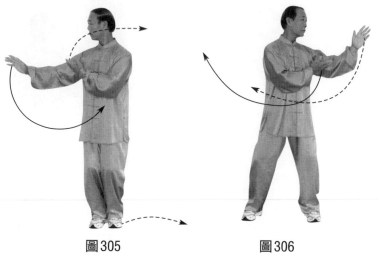

圖305　　　　　　　圖306

蕩經左腋向上過面向右前方弧形移動，左掌心朝外，指尖
朝右，右掌心朝內，指尖朝左，兩臂高與肩平，臂微屈；
內氣順時針由左向右畫一小平圈，帶腰隨勢平面揉轉；右
掌立掌貼靠在左掌背上順時針畫一小平圈，隨之右掌內旋
向右側劈掌，指尖朝上，掌心朝外，鬆肩垂肘，臂微屈；
左掌外旋，掌心朝內；眼隨視兩掌。（圖305）

第一二三式　上下雲手（二）

上動不停，內氣逆時針平面旋蕩，帶腰左轉；左腳向
左橫開一步，屈膝半蹲，隨之重心左移；同時，左掌經臉
前向左側弧形劈掌，腕高與肩平，掌心朝外，指尖朝上，
鬆肩垂肘，臂微屈；右掌外旋向下經右胯、小腹弧形移至
左脅前，掌心朝上，指尖朝左；眼神先隨視右掌，後隨視
左掌。（圖306）

圖307

以下動作與第一二二式中第③～⑦動相同，參見圖296—圖305。

第一二四式　上下雲手（三）

動作和要點與第一二二式上下雲手中第①～④動相同，參見圖296—圖302。

內氣向右旋蕩，帶腰右轉；隨之身體重心移至右腿，左腳虛起；同時，右掌經臉前弧形移動至右肩前，掌心朝左，指尖朝上，高與肩平，鬆肩垂肘；左掌向下經胯過腹向右肩前移動，掌心朝右，與右掌相對，成抱球狀，舉於右胸前；眼神先隨視左掌，後隨視右掌。（圖307）。

【要點】內氣悠悠蕩蕩，帶動腰左右揉轉，身體重心左右連續移動，虛實變化不斷，兩手畫圈不停。內氣旋轉圈有大有小、時逆時順，變化如九曲珠。腰要活，上下左

圖308

右揉轉無滯無遲。兩掌背貼靠時勿緊勿離；動作輕靈圓滿，神領勢動，身體中正，猶如水上行舟。

第一二五式　單　鞭

上動不停，兩掌如抱球順時針平轉，左掌隨轉腰掌心朝下向前平抹一圈；右掌弧形移至肩前內旋向前從左掌背上抹出五指撮攏成勾，勾尖朝下，與肩同高，沉肩墜肘；眼隨視兩掌。（圖308）

以下動作和要點與第六式單鞭中的③、④相同，參見圖50─圖53。

第一二六式　進步右劈掌

上動不停，內氣由腹前向下、向後旋，再經上向前旋立圈，帶腰向後微揉再放長向前揉；右腳向前虛並於左腳內側

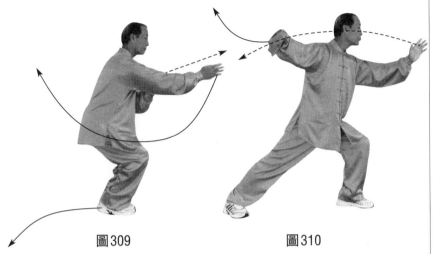

圖309 　　　　　圖310

不落實，兩腿屈蹲；同時，左掌順勢弧形略收隨即前伸畫一豎圈下劈；右勾手變掌隨腰向後收揉逆時針向上揮起，從身後向前下方畫弧掄劈，鬆肩沉肘，掌心朝左，指尖朝前，與肩同高，左掌扶於右臂內側；眼神注視右掌前。（圖309）

【要點】劈掌手足順勢順步，進退如一，揉腰要活鬆。內氣旋轉多半圈至腹前，與劈掌相合，虛併步與劈掌同時。

第一二七式　左穿掌蛇身下勢

①上動不停，內氣向下、向右上旋，帶腰隨勢向右揉轉；右腳向後退撤一大步，腳尖朝南，左腳隨之向內碾扣，腳尖朝東南；同時，左掌前伸，臂微屈，掌心斜朝下；右掌乘下劈之勢向右後方弧形擺起，隨即變吊勾，勾尖朝下，高與頭平；眼視左掌前。（圖310）

圖311

②內氣順時針向下旋，帶腰向下揉轉；隨之身體重心後移至右腿，右腿屈蹲，左腿斜伸；內氣向右旋蕩，帶腰向右揉轉；同時，左掌經臉向右肩前弧形引挒，掌心朝外；眼隨視右前。（圖311）

③內氣由右下向左前上方旋，帶腰向左揉轉；右腿全蹲，左腿平鋪斜伸成仆步，左腳向外碾轉，腳尖向東北，左膝屈弓，右腳向內碾扣，腳尖朝東，成左弓步；同時，左掌向下經右膝內側隨身體重心左移向左前弧形上穿，掌側立，掌心朝右，指尖朝前上方；右臂內旋下落，勾尖朝上，伸於體後；眼隨視左掌。（圖312、圖313）

【要點】動作幅度較大，前後上下的變化圓滿到位，要收放自如，轉換靈活。鋪腿下勢動作猶如蛇身，不失中正。穿起要消肩前送，小指側向前上領起，腰要塌，不可前俯失重。

圖312

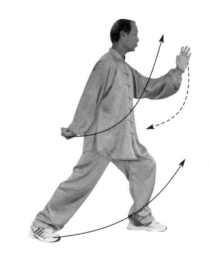

圖313

第一二八式　左金雞獨立

上動不停，內氣由前向後順時針旋盪，身體重心移至
左腿，左腿屈膝獨立，提右膝向前上方膝撞，收臀團身；
同時，左掌橫掌向下弧形採按至左胯前，掌心朝下，指尖

| 圖314 | 圖315 |

朝前；右勾手變掌外旋從右腿外側直掌上穿，指尖朝上，掌心朝左，高與鼻尖齊，右肘屈曲，前臂斜立；眼平視掌前。（圖314）

【要點】上穿、下採和提膝要合一，圍身收臀，兩肩鬆沉，頭上領，獨立站穩，身體中正。

第一二九式　右穿掌蛇身下勢

①上動不停，內氣左旋，帶腰左轉；以左腳跟為軸腳掌向外碾展，左腿屈蹲，腳尖朝北，右腿隨轉體向左合，腳尖虛點於地；同時，左掌向左側提起五指撮攏成勾手，勾尖朝下，勾頂略高於左肩，鬆肩垂肘；右掌順勢立掌經臉前弧形向左肩前引捋，掌心朝外；眼隨視右掌。（圖315）

②內氣由左下向右前上方旋轉，帶腰向右揉轉；右腿

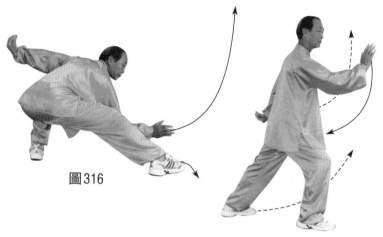

圖316

圖317

向右側鋪伸，左腿屈膝全蹲，成左仆步；同時，右掌向下
經左膝前向右腳上穿掌；身體重心移至右腿，右腳向外碾
轉，腳尖朝東南，右膝屈弓，左腿斜伸於後，左腳內扣，
腳尖朝東，成右弓步；右掌側立向前上方弧形穿起，掌同
肩高，掌心朝左，指尖朝上；左臂內旋，勾尖朝上，斜伸
於體後；眼隨視右掌。（圖316、圖317）

【要點】同第一二七式左穿掌蛇身下勢。

第一三〇式　右金雞獨立

動作和要點與第一二八式左金雞獨立相同，唯左右相
反。參見圖314。

第一三一式　右採挒左肘靠

①上動不停，內氣右旋，右腿屈蹲，身架下沉，左腳

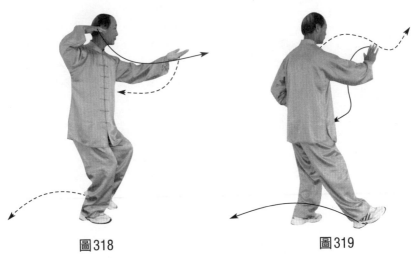

圖318　　　　　　　　　圖319

196

虛提於右腳內側不落地；同時，左掌前伸，掌心朝上同肩
高，指尖朝前；右掌經右後向上屈肘捲肱移至右肩上；內
氣左旋，團身收尾骨，帶腰左轉；左腳向後撤一步，腳尖
朝東北，身體重心移至左腳，左腿屈蹲，右前腳掌翹起，
成右虛步；左掌收至肋下，掌心朝上，右掌經右耳側向前弧
形按出；眼先隨視左掌，後視右掌前。（圖318、圖319）

②內氣逆時針先左再向右旋蕩，帶腰先左再右揉轉；
右腳向右後方撤步，腳尖朝南，重心移至右腿，右腿屈
蹲，左前腳掌向內碾轉，腳尖朝東南，左腿斜伸；同時，
腰帶右掌向左下經腹弧形将採至右胯前，掌心朝下，指尖
朝前，屈肘坐腕；左掌弧形上舉經左耳旁向前（東南方）
弧形按出，指尖朝上，掌心朝前；內氣逆時針向左平旋一
小圈，腰帶左掌逆時針畫一小立圈並向前再次按出補氣發

放；眼先顧右掌後隨視左掌。（圖
320）

③內氣逆時針旋轉，帶腰向左
揉轉；重心左移，左腿屈膝半蹲；
同時，腰帶左掌向左下方弧形捋
捋，隨之左掌外旋勾腕抄抱於腹
前，掌心朝上，指尖朝右；右掌從
右側向胸前畫弧圈抱，掌心朝下，
指尖朝左，兩掌上下相對，成抱球
狀；內氣由左後向右旋，帶腰向右
揉轉；重心移至右腿，右腿屈蹲，

圖320

左腳收至右腳內側不停不落地，身體轉向正南；眼隨視左
掌，即轉視左前下方。（圖321、圖322）

197

圖321

圖322

圖323

④內氣由右向左悠蕩，帶腰向左微揉；同時，左腳向左橫開一大步，腳尖朝南，重心移至兩腿中間，兩腿屈膝下蹲；同時，左側肩、背、肘、胯隨開步移重向左側靠打；眼神注視左側。（圖323）

【要點】勢中挒採、採挒、捌採並用與合用全憑內氣帶腰，腰帶臂手，斜捌採橫進身，內發整勁。雖是肩背靠肘頂打，卻不見外形，身體中正下沉，頭向上頂領。動作圓活輕靈，胯要含藏，隨腳的橫開和移重靠擊，內外、上下、手足，周身百骸，協調一致。

第一三二式　左採捌右肘靠

上動不停，內氣在左側順時針旋一立圈，帶腰隨之揉轉；右腳向內碾扣，腳尖朝東南，重心移至右腿，屈膝下蹲，左前腳掌向外碾展，腳尖朝東斜伸於前；同時，右掌

圖324

向左下弧形插挑上翻外旋，收肘下拉，掌心朝上；左掌隨右掌似揉球弧形內旋翻轉，掌心朝下，兩掌心斜對；內氣右旋，帶腰微向右轉；右臂收肘，右掌回收至腹前，掌心朝上；左掌坐腕弧形前按，掌心朝前下，指尖朝前上；眼隨視左掌。（圖324）

以下動作和要點與第一三一式右採挒左肘靠中的②～④動相同，唯動作左右相反，運動方向朝東北，參見圖320—圖323。

第一三三式　右採挒左肘靠

①上動不停，內氣在右沿逆時針旋一立圈，帶腰隨之揉轉；左腳向內碾扣，腳尖朝東北，重心移至左腿，左腿屈蹲，右前腳掌虛點地，右腿斜伸於前；同時，左掌向右下弧形插挑上翻外旋，收肘下拉，掌心朝上；右掌隨左掌

圖 325

圖 326

似揉球狀弧形內旋翻轉，掌心朝下，兩掌心斜對；眼隨視兩掌。（圖325）

②內氣左旋，帶腰微向左轉；左臂收肘，左掌回收至腹前，掌心朝上；右掌向前弧形按出，掌心朝前，指尖朝上，坐腕鬆肩；眼隨視右掌。（圖326）

以下動作和要點與第一三一式右採挒左肘靠中的②～④動相同，參見圖320—圖323。

第一三四式　左採挒

①動作和要點與第一三二式左採挒右肘靠中的①動相同，參見圖324。

②內氣斜向右、向左旋，帶腰先右再左揉轉；左腳向左後方撤步，腳尖朝北，重心移至左腿，左腿屈蹲；右前

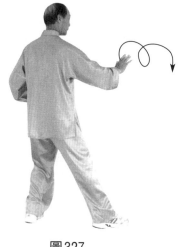

圖327

圖328

腳掌向內碾轉，腳尖朝東北，右腿斜伸；同時，腰帶左掌向右、向左經腹前弧形将採至左胯前，掌心朝下，指尖朝前，屈肘坐腕；右掌由右側上舉經右耳側內旋向前（東北方）弧形按出，指尖朝上，掌心朝前；隨之內氣向右平旋一小圈，腰帶右掌順時針畫一小立圈並向前再次按出補氣發放；眼神先顧左掌，後隨視右掌。（圖327）

【要點】與第一三一式右採挒左肘靠相同。

第一三五式　反右斜飛勢

①上動不停，內氣順時針右旋，帶腰向右揉轉；同時，右掌稍內旋向右側弧形挒将，掌心朝下，與肩同高，屈臂前伸；左掌向後稍展；眼先視右掌，後視左掌。（圖328）

內氣繼續順時針旋轉，帶腰向左揉轉；左腳向外碾

圖329　　　　　　　　　　　　圖330

轉，腳尖向西北，右腳跟虛提起；同時，左臂向左側弧形
抬起屈肘邊收邊外旋至胸前，左掌心斜朝外，與肩同高；
右掌勾腕外旋經腹前向左上方穿插，掌心朝上，指尖朝
左；眼隨動作而視。（圖329）

　　②內氣順時針向右前方旋轉，帶腰右轉；右腳收經左
腳內側向左前弧形搬步（腳尖朝東北），重心前移至右
腿；同時，左掌向下經胸向腹前採，掌心朝下，指尖朝
前；右掌從左肘下經左前臂外側內旋向右前方弧形接手刁
捯斜飛，掌心朝前下，指尖斜朝前，掌略高於肩，腰向右
擰旋；眼隨視右掌，即轉視前方。（圖330）
　　【要點】轉體變勢圓活，擰身反接手刁捯斜飛用腰
帶，身體保持中正。

圖331

第一三六式　左斜飛勢

上動不停，內氣左旋，帶腰左轉；左腳向前（北方）上步，左腿屈膝前弓，成左弓步；同時，左掌向右肘下穿插，向上經右前臂外側向左前方刁捌斜飛；右掌向左經胸向右胯前将採，掌心朝下，指尖朝前；眼隨視左掌。（圖331）

【要點】弓步斜身，以腰帶手，正身不前俯，頭有上領意。上體保持中正，內外協調一致。

第一三七式　反大車輪掌

①上動不停，內氣由左向右立圈旋轉，帶腰向右後方揉轉；右腳向外碾轉，腳尖朝南，重心移至右腿，右膝屈弓，左腳隨勢內扣，腳尖朝東南，成右弓步；同時，右掌

圖 332

圖 333

經身前向上、向後反向掄劈，臂微屈，掌心朝外，與鼻尖平；左掌經胸向左胯外掄；眼隨視右掌。（圖 332）

②內氣向下經左後向上旋轉，帶腰向右揉轉；重心後移至左腿，屈膝半蹲，右腳提收至左腳內側，腳尖虛點地，上體轉朝正南；同時，左掌自身後經左上向前立掌掄劈至臉前，掌心朝右，指尖朝前上；右掌繼續向下掄經右胯外至身後，掌心朝左，指尖朝後；眼視前方。（圖 333）

【要點】兩臂垂肘屈伸，連續揮劈如車輪旋轉，軸心是丹田，內氣圍繞丹田環繞，帶動腰身揉轉，沉肩墜肘，翻身反劈右掌勢要大要快，左車輪劈要屈膝下坐，身體中正無偏倚。

第一三八式　提手上勢

上動不停，內氣由右後向前上旋，帶腰下坐收尾骨；右腳向前斜伸，腳跟著地，前腳掌上翹，成右虛步；同時，右掌外旋從身後向前上方側立掌掄劈，屈臂垂肘，掌心朝左，指尖朝前上，與肩同高；左掌向後收經腹前弧形上托，掌心朝右，指尖朝前，食指對右肘內側；眼視右掌前。（圖334）

【要點】右掌劈下、左掌上托，向前上方挑腕領小指，同時收臀下坐，手往前上發送，身向後撐圓。

圖334

第一三九式　左顧右盼中定

動作和要點與第八式左顧右盼中定相同，參見圖57—圖61。

第一四○式　海底撈月

動作和要點與第九式海底撈月相同，參見圖62—圖64。

第一四一式　白鶴亮翅

動作和要點與第十式白鶴亮翅相同，參見圖65、圖66。

第一四二式　陰陽連珠掌

動作和要點與第四十二式陰陽連珠掌相同，參見圖

147、圖148。

第一四三式 左摟膝拗步

動作和要點與第十五式左摟膝拗步相同，參見圖80—圖82。

第一四四式 海底針

動作和要點與第四十四式海底針相同，參見圖149—圖151。

第一四五式 扇通背

動作和要點與第四十五式扇通背相同，參見圖152、圖153。

第一四六式 轉身右白蛇吐信

①上動不停，內氣順時針從左向右旋蕩，帶腰右轉；重心移至右腿，右腿屈蹲，左腳向內碾扣，腳尖朝南；同時，右掌經臉過胸向下移至腹前，掌心朝下，屈肘圈臂；左掌弧形上舉至頭左側，掌心朝前；眼隨視動作，即轉向右平視。（圖335）

②內氣繼續向右旋蕩，帶腰向右揉轉；重心移至左腿，右腳提起

圖335

圖336　　　　　　　　　圖337

收至左腳內側，腳尖虛點地；同時，左掌橫掌向右下弧形蓋至胸前，掌心朝下，指尖朝右；右掌外旋收至肋側，掌心朝上，身體轉向正西；眼向前平視。（圖336）

③內氣向左旋蕩，帶腰微右轉；右腳向右前方上步，腳尖朝西，重心向右移，右膝前弓，左腿自然伸直，成右弓步；同時，左掌稍向下蓋壓沉勁；右掌經左掌背上方向前弧形穿出，指尖朝前上，掌心朝上，掌同肩高，左掌收至右肘下方；眼隨視右掌。（圖337）

【要點】左右移重輕靈鬆活，蓋掌時收臀合腰，吐信時鬆肩垂肘，身中正，頭頂領。

第一四七式　左穿枝

①上動不停，內氣左旋，帶腰左轉；同時，左掌向內撐

圖338　　　　　　　　　圖339

旋，屈臂收肘隨轉體向左下方穿插；右臂屈肘捲肱向回收至右耳側，掌心朝下，指尖朝左下；眼隨視左掌。（圖338）

②內氣右旋，帶腰向右揉轉；右腳提起經左腿後向左側插步，兩腿屈膝下蹲，身勢向下；同時，左臂外旋屈肘前臂斜豎弧形收至胸前，掌心朝右；右掌向左下經左肘下向左胯外穿插外旋，掌心斜朝左側；眼視左側。（圖339）

③內氣繼續右旋，帶腰右轉；重心移至右腿，左腳向左側邁一大步，腳尖朝東南；同時，右掌內旋從左前臂外側穿出向右上方弧形捋將至右側；眼先隨視左掌，後轉視右前方。（圖340）

【要點】下穿枝臂、掌同時旋撐，且勢架要低矮，動

圖340　　　　　　　　　　圖341

作幅度要大，要緊湊，不可散懈，周身上下一動無有不動。右掌下穿、左肘收合時兩肩向前合攏，切勿聳肩。雖然斜身走勢揉旋變化，但身體還需保持中正，靈活中內含整勁。

第一四八式　左白蛇吐信

①上動不停，內氣左旋，帶腰左轉；重心移至左腿，左膝前弓，右腳向內碾扣，腳尖朝東南，成左弓步；同時，左掌內旋向下經腹弧形向左胯摟攔，掌心朝內；右掌外旋隨轉身移重心移至右耳側，掌心朝前，指尖朝右耳；眼向前平視。（圖341）

②內氣向左後旋蕩，帶腰微向左揉轉；重心移至右腿，右腿屈蹲；左前腳掌翹起，腳跟點地，成左虛步；同

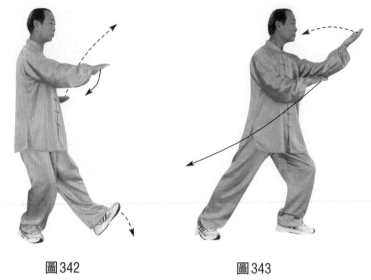

圖342　　　　　　　　　圖343

時，右掌橫掌向下弧形蓋壓沉勁；左臂屈肘，左掌上移至小腹左側，掌心朝上，指尖朝前；眼向前平視。（圖342）

③內氣向右旋蕩，帶腰向右揉轉；重心移至左腿，左膝前弓，右腿自然伸直；同時，左掌從右掌背上方向前弧形穿出，指尖朝前，掌心朝上，臂微屈；右掌收在左肘下面；眼隨視左掌。（圖343）

【要點】與第七十八式白蛇吐信相同。

第一四九式　右穿枝

動作和要點與第一四七式左穿枝相同，唯左右動作和運動方向相反。（圖344—圖346）

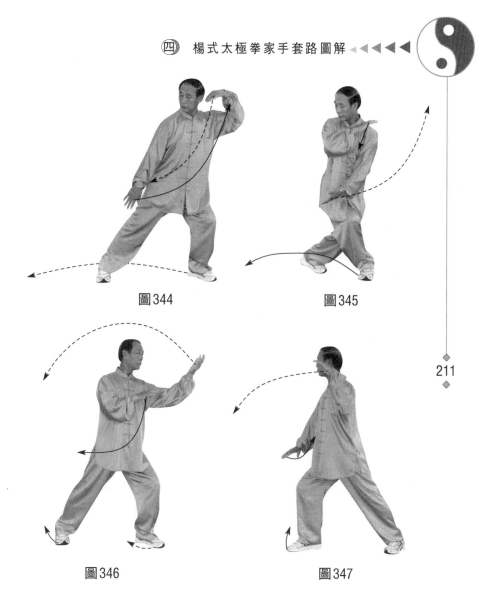

圖344

圖345

圖346

圖347

第一五○式　右白蛇吐信

動作和要點與第一四八式左白蛇吐信相同，唯左右動作和運動方向相反。（圖347—圖349）

圖348　　　　　　　　　　圖349

212

第一五一式　右單峰貫耳

①上動不停，內氣由左向右逆時針旋蕩，帶腰向左揉轉；重心後移於左腿；同時，右掌向胸前掩化，掌向左前斜伸；左掌外旋，掌心朝上，指尖朝前經右前臂上方向前斜上方穿出，左肘在胸前；眼平視前方。（圖350）

②內氣繼續向右旋蕩，帶腰向右揉轉；重心右移，右膝前弓，左腿自然伸直，成右弓步；同時，左掌內旋扣握變拳弧形向回引捋至胸前；右掌內旋握拳經胸由右側向前勾腕圈臂弧形貫耳，拳眼斜朝下，拳面斜朝左，拳與鼻平；眼視右拳前。（圖351）

【要點】內氣帶腰揉轉幅度不要大，外形要小，蘊含內勁，單峰貫耳捶用腰帶發整勁，掩手穿拿柔緩，貫耳疾

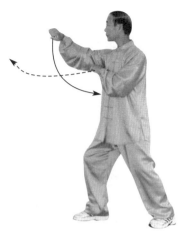

圖 350　　　　　　　　　　　　　圖 351

快圓活，穿接拿手勿伸遠，沉肩垂肘，向回引捋。

第一五二式　撲面掌窩心捶

動作和要點與第四十七式撲面掌窩心捶相同，參見圖 158、圖 159。

第一五三式　進步搬攔捶

動作和要點與第四十八式進步搬攔捶相同，參見圖 160—圖 164。

第一五四式　上步攬雀尾

動作和要點與第四十九式上步攬雀尾中的 1. 右掤相同，參見圖 165—圖 168。其他動作和要點與第四式中的 6. 右三環套月、7. 右掤、8. 左穿掌右纏捋、9. 車輪擠、10.

弓步按相同,參見圖25—圖41。

第一五五式　左右托挒

動作和要點與第五式左右托挒相同,參見圖42—圖47。

第一五六式　單　鞭

動作和要點與第六式單鞭相同,參見圖48—圖53。

第一五七式　遮陰亮肘雲手（一）

①上動不停,內氣先左再右旋,帶腰先左微揉再向右轉;腰帶右勾逆時針向裏畫一小平圈,隨之腕內旋變掌,掌心朝外;右腳向外碾轉,腳尖朝正南,重心移至右腿,右腿屈蹲,左腳隨之向內碾轉,腳尖朝南;同時,右掌順時針向右側弧形捌劈,掌心朝前,指尖朝上,掌側立,臂微屈;左臂外旋向下弧形移至左胯外,掌心朝下,指尖朝左,臂微屈;眼隨視右掌。（圖352）

②內氣向左旋蕩,帶腰左轉;重心左移,左腿屈蹲,右腳虛並於左腳內側不落實;同時,左掌內旋,掌心朝內經腹前上穿至右肘內

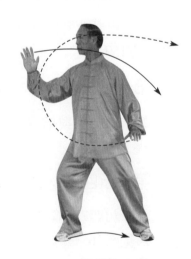

圖352

圖353　　　　　　　　圖354

側，擦著右前臂向上經臉弧形向左內旋揮劈，掌心朝前，指尖朝上，與肩同高；右掌向左擦著左前臂經臉揮至左前內旋翻到左肘內側，掌心朝內，指尖朝左；眼神先顧右掌後顧左掌。（圖353）

第一五八式　遮陰亮肘雲手（二）

①內氣右旋，帶腰右轉；右腳踏實，左腳提起向左側橫行一步，腳尖朝南；同時，兩掌向右移動，右掌擦著左前臂上方穿出經面前弧形向右側內旋揮劈，掌心朝外，指尖朝上，屈臂鬆肩；屈左肘立前臂，左掌向右擦右前臂經面前揮至右前方內旋至右肘內側，掌心朝內，指尖朝上；眼先隨視左掌，後隨視右掌。（圖354）

②內氣左旋，帶腰左轉；重心左移，左腿屈蹲，右腳

圖355

提收向左腳內側虛並不落實；同時，左掌貼著右前臂上穿
經面弧形向左內旋揮劈，掌心朝外，指尖朝上，屈臂鬆
肩；右掌擦著上穿的左前臂經臉弧形揮至左前方內旋至左
肘內側，掌心朝內，指尖朝上；眼先隨視右掌，後隨視左
掌。（圖355）

第一五九式　遮陰亮肘雲手（三）

動作同第一五八式遮陰亮肘雲手，參見圖354、圖
355。

【要點】亮肘雲手時，兩前臂相貼不緊不離，在肘外
左右遮擋，兩掌旋腕左右劈打，鬆肩垂肘，頭上領，以腰
轉帶兩臂，膝胯勿扭擺，保持身體中正。

圖356

圖357

第一六○式　單　鞭

上動不停，內氣右旋，帶腰右轉；同時，左掌外旋，掌心朝右，右掌向右移動，兩掌心相對，以腰帶兩掌順時針經臉前弧形向右側移動至右肩前，左掌心朝下繼續平抹一小圈；右掌心朝下從左掌背上向外抹出，隨即五指撮攏成勾；眼隨視兩掌。（圖356、圖357）

以下動作和要點與第六式單鞭中的③、④動相同，參見圖50—圖53。

第一六一式　高探馬帶穿掌

①上動不停，內氣向前旋轉，帶腰向前揉；重心前移至左腿，左腿屈蹲，右腳向前收至左腳內側虛提，隨即向後退回一步，腳尖朝東南，重心移至右腿，屈腿略蹲，左

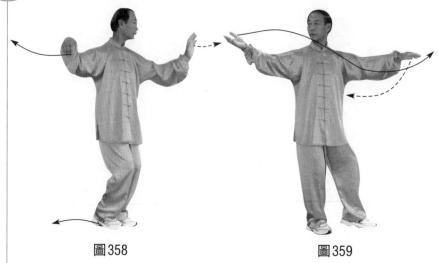

圖358　　　　　　　　圖359

腳隨之抽回半步，提起腳跟，前腳掌虛點地；內氣向右旋，帶腰右轉；同時，兩臂屈肘略收，隨即向外伸展，左掌心朝下放平；右勾鬆開成掌向右後方弧形悠起，掌心朝上，略高於肩；眼先向前平視，後隨視右手。（圖358、圖359）

　　②內氣左旋，帶腰向左揉轉；同時，左掌略向上悠起外旋，掌心朝上勾腕橫掌弧形向腹前刮摟；右臂屈肘捲肱經耳側橫掌向前上方弧形按出，小指側朝上，掌心朝前下，指尖朝左，消肩垂肘，高與肩平；眼隨視右掌。（圖360）

　　③內氣下沉向後上方旋蕩，帶腰微左揉團身；左腳向前邁出，腳尖朝東，重心移至左腿，左膝前弓，右腿自然

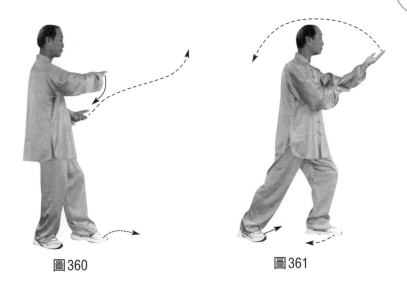

圖360　　　　　　　　　　圖361

伸直，成左弓步；同時，右掌向腹前蓋採，左掌經右掌背上方向前上方弧形穿插，左臂微屈，消肩垂肘，掌心朝上，掌指朝前；右掌收至左肘下方；眼隨視動作。（圖361）

【要點】高探馬與第六十一式高探馬相同，穿掌與第七十八式白蛇吐信相同。動作連貫，輕靈悠蕩，無遲無滯，手腳合一。

第一六二式　轉身右擺蓮

①上動不停，內氣右旋，帶腰右轉；左腳向內碾扣，腳尖朝西南，身體右後轉180°，面向西南，重心移至左腿，屈膝半蹲，右腳跟提起內旋，前腳掌在地上碾轉，腳尖朝西南；同時，左臂隨轉體屈肘立前臂經面前向右揮至右肘上，兩前臂交叉搭疊，右掌在左肘下，掌心朝下，指尖朝左，左掌在上，指尖朝右；眼平視前方。（圖362）

圖362

圖363

②內氣繼續右旋，帶腰向右揉轉；右腳踢起從左向右側外擺；同時，左掌內旋逆時針在身前畫弧，擺起的右腳正好滑過左掌擊響；眼隨視左掌。（圖363）

第一六三式　退步左擺蓮

上動不停，內氣繼續右旋，帶腰向右揉轉；右腳向身後落步，腳尖朝西北，屈膝半蹲，重心後移至右腿；內氣左旋，帶腰向左揉轉，左腳踢起從右向左側外擺；同時，左掌向右胸前收回；右掌從左前臂下方伸出順時針畫弧，擺起的左腳正好滑過右掌擊響；眼隨動作而視。（圖364、圖365）

【要點】擺腳時，獨立腿要屈膝站穩，不可挺直。轉身要快，擺腳連續快速，乾淨俐落，放力要脆。身體保持中正，無前俯後仰、左右倚斜之病。

圖364

圖365

第一六四式　十字腿

①上動不停，內氣後旋，左腳向身後落步，腳尖朝西南，重心移至左腿，左腿屈蹲，右腿屈膝提起；同時，兩前臂在胸前交叉成十字手，兩掌內旋，掌心朝外，指尖斜朝上；眼向前平視。（圖366）

圖366

②內氣由後經下向前旋，帶腰團合收臀；右腳尖向上勾起，腳跟著力向前蹬出，腿伸直，腳與胯根平；同時，

圖367

兩掌左右分推，掌心斜向朝前，指尖朝上，肘尖朝下，兩
臂屈曲；眼向前平視。（圖367）

【要點】蹬腳時收臀合腰，獨立腿站穩，身體保持中
正。分推時鬆肩領頭，切勿縮頸端肩。

第一六五式　落步右摟膝

①上動不停，內氣左旋，帶腰左轉；右腳收至左腳內
側，腳掌虛點地，左轉體；兩臂屈肘外旋前臂豎立向胸前
弧形掩合，掌心朝臉，指尖朝上；隨即左掌外旋向下弧形
移至小腹前，掌心朝上；右掌弧形移至胸前，掌心朝下；
眼隨視右掌。（圖368、圖369）

②內氣左旋，帶腰左轉；右腳向右側弧形邁一步，腳尖
朝西，腳跟著地，腳掌翹起；同時，左掌經胯外向左側弧形

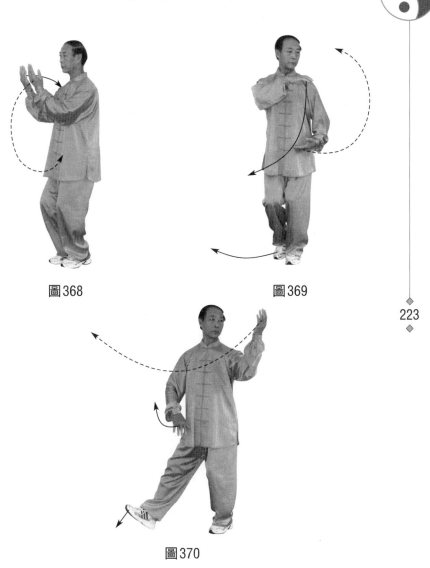

圖368　　　　　　　　圖369

圖370

舉起；右掌由左向左經小腹、右膝前弧形摟攔。（圖370）

內氣右旋，帶腰右轉；重心前移至右腿，右膝前弓，

圖371

左腿自然伸直，成右弓步；同時，右掌弧形摟至右胯旁，掌心朝下，指尖朝前；左掌經耳根側向前（西方）弧形按出，掌心朝前，指尖朝上，左臂屈曲；內氣先左旋再向前旋蕩，帶腰向右揉轉；左掌隨腰逆時針畫一小圈，隨內氣再次向前按出補氣發放，右掌同時順時針畫一小平圓向下採按發放；眼隨視動作，即轉向前平視。（圖371）

【要點】身體中正，含胸拔背，內外協調一致，按掌要鬆肩墜肘，領指坐腕，五指舒張。

第一六六式　右托捋指襠捶

①上動不停，內氣右旋，帶腰右轉，左掌順時針畫一個小立圈提起；內氣左旋，向左轉腰；右掌外旋向前弧形伸舉至右前上方，肘微屈下垂；左掌提收靠近右肘內側，兩掌成托勢；內氣繼續向左旋轉，隨之向左轉腰；左腳向

圖372

圖373

外碾轉，腳尖朝南，重心移至左腿，左腿屈蹲，右腳隨之收於左腳內側虛提不落地；同時，左掌弧形移至左腹前外旋，掌心朝上，指尖朝右；右掌弧形移至左胸前，掌心朝下，指尖朝左，兩掌心相對，成抱球狀；眼神先隨視左掌，後隨視右掌。（圖372、圖373）

②上動不停，內氣左旋，帶腰左轉；左掌向左前（東）弧形托起，右掌向下弧形移至腹前；內氣右旋，帶腰右轉；右腳向前（西）弧形搬步，腳尖朝西北，左腳提收虛點於右腳後；同時，左掌隨轉體弧形移至胸前，掌心朝下，指尖朝右；右掌外旋向北經右胯向右後方揮起，掌心斜朝前上方，屈肘捲肱舉於頭右側；眼神先隨視左掌，後隨視右掌。（圖374、圖375）

圖374　　　　　　　　　　圖375

③上動不停，內氣左旋，帶腰左轉；左腳向前（正西）弧形邁一大步，腳跟著地；隨之重心左移，左前腳掌落地，腳尖朝西，左膝前弓，右腳向內碾扣，腳尖朝西北，右腿自然伸直，成左弓步；同時，右掌漸握成拳經耳側過肩以拳背著力向斜前下方沉肘抖腕撩擊，拳背朝上，高與肘平；左掌弧形摟經腹前扶在右前臂內側；眼隨視右拳。（圖376、圖377）

【要點】摟膝指襠捶形似摟膝栽捶，但後者捶到身前抖腕撩陰時用拳背發力，動作婉轉細膩，鬆肩沉肘，沉氣領頭，連綿不斷，輕靈圓活。

第一六七式　上步攬雀尾

動作和要點與第四十九式上步攬雀尾中的1. 掤相同，參見圖165─圖168。其他動作和要點分別與第四式攬雀尾

圖376

圖377

中的 6. 右三環套月、7. 右掤、8. 左穿掌右纏捋、9. 車輪擠、10. 弓步按的動作相同，參見圖25—圖41。

第一六八式　左右托捋

動作和要點與第五式左右托捋相同，參見圖42—圖47。

第一六九式　單　鞭

動作和要點與第六式單鞭相同，參見圖48—圖53。

第一七〇式　進步右劈掌

動作和要點與第一二六式進步右劈掌相同，參見圖309。

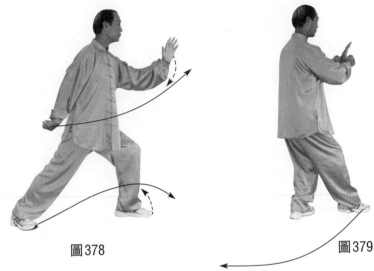

圖378　　　　　　　　　　　　　　圖379

第一七一式　左穿掌蛇身下勢

動作和要點與第一二七式左穿掌蛇身下勢相同，參見圖310—圖313。

第一七二式　上步七星

上動不停，內氣左旋，帶腰左轉；隨左掌穿起左腳向外碾轉，腳尖朝正東，重心前移至左腿，左膝前弓，右腿斜伸，成左弓步；內氣繼續左旋，腰繼續左轉；左腳向外碾轉，腳尖朝東北，右腳提起經左腳內側向前邁出半步，腳掌虛點地，成右虛步；同時，左掌穿至胸高時屈左臂垂肘，掌心朝裏；右勾變拳隨右腳上步經腰向前從左腕下穿出，交叉於左掌下；左掌右拳同時稍內旋向前發放，右拳眼朝上，拳心朝左；眼隨視兩手。（圖378、圖379）

圖380

圖381

【要點】身體保持中正，鬆腰鬆胯，沉肩墜肘，臂屈勿直，不可僵硬，頭要領起。

第一七三式　退步跨虎

上動不停，內氣右旋，帶腰右轉；右腳弧形向後退步，向右轉體，左腳向內碾扣，右腳向外碾轉，重心移至右腿，右膝前弓；身體轉向面朝南，左腳提起向前出半步，前腳掌虛點地，屈膝斜伸，成左虛步；同時，右拳變掌，兩掌隨轉體左右弧形分開，左掌順時針經小腹過左胯再斜向身前畫圈回到左胯旁，掌心朝下，指尖朝前；右掌順時針弧形向右下捋捋至右胯時掌外旋經右肋向右前上方內旋分穿，掌心朝前上方，兩臂屈肘內圈；眼隨視右掌，即轉視左側。（圖380—圖382）

圖382　　　　　　　　　圖383

230

【要點】右腳退步落點要站成小三角形虛步，退步時左腳站穩，身體保持中正。兩掌邊分邊內旋，分掌要緊湊適中，不可太散，要含胸收臀。

第一七四式　轉身白蛇吐信

上動不停，內氣右旋，左前腳掌向內碾扣，右腳向外碾轉，身體向右後方轉至東北，隨即左腳向東北方扣步，重心前移至左腿，成左弓步；同時，左掌從左胯旁向上經臉前向右胸前畫弧；右掌向右下方畫弧經脅時外旋，掌心朝上從左掌背上方向右前上方穿掌，臂微屈伸，左掌背貼在右肘下方，指尖朝右；眼隨視右掌。（圖383）

【要點】扣步轉身要迅速，右穿掌要快捷。旋轉變化打閃紉針，碾轉步輕靈，轉體要穩，身圍合中正。

圖384

第一七五式　雙擺蓮

上動不停，內氣順時針右旋，帶腰向右揉轉；右腳向左前上方踢起至肩高時向右側弧形外擺；同時，右掌內旋，掌心朝下，兩掌從右往左畫弧迎拍右腳外側，先左後右雙擊響；眼觀拍擊處。（圖384）

【要點】以腰帶腿向外橫擺，腿略屈勿挺直，擺腳高不過肩，左腿站穩，腰胯鬆活，快捷乾淨，身體保持中正。

第一七六式　右彎弓射虎

①上動不停，內氣順時針右旋，帶腰右轉；右腳向右後方落步，腳尖朝東南，重心移向右腿，右腿屈蹲，左腳向內碾扣，腳尖朝東南，左腿斜伸於左側，成側弓步；同

圖385　　　　　　　　　　圖386

時，兩掌順時針向上畫一小立圈，隨即向右下方弧形将，
邊将邊握拳繼續向右後上方弧形蕩起，拳眼相對，拳心朝
外，左拳與肩同高，右拳略高於肩；眼隨視兩手。（圖
385、圖386）

②內氣逆時針向左旋蕩，帶腰向左揉轉；同時，兩拳
弧形向前蕩擊，右拳反腕在上，左拳正腕在右拳前下，兩
拳眼斜相對，拳面朝前，屈臂垂肘，左拳高與胸平，右拳
與右額角同高；眼轉視左前方。（圖387）

【要點】腰胯鬆活帶動兩掌向右下方将，向前蕩拳時
腰要後抽，鬆肩垂肘，身體保持中正。

第一七七式　進步右彎弓射虎

①內氣順時針向左下旋蕩，隨之左腳向外碾展，腳尖

圖387

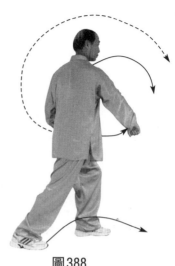

圖388

朝東北方，右前腳掌向內碾扣，腳尖朝東，重心移至左腿，左膝前弓，右腿斜伸於後，轉體面向東北方；同時，兩拳隨轉體向左下弧形搬掛經小腹左側；眼視前下方。（圖388）

②內氣向右旋蕩，帶腰向右揉轉，兩拳向上經頭左側向前悠蕩；內氣逆時針由左上向右下揉旋，帶腰向右揉轉，隨之右腳向前搬步，重心移至右腿，兩腿屈蹲，兩拳隨移重轉體逆時針向右下方蕩掛；內氣由右下向上翻左旋，隨之腰向左揉轉；左腳向前上步，腳跟先著地，隨即重心前移，左前腳掌落地，腳尖朝東南；同時，腰帶兩拳向上、向前弧形蕩擊，右拳反腕在上，左拳正腕在右拳前下，拳眼斜對，拳面朝前，屈臂垂肘，左拳高與肩平，右拳與右額角同高；眼先隨視兩拳，後轉視左前方。（圖

圖389

234

圖390

圖391

389—圖391）

　　【要點】反腕搬掛向外用掤勁，向前擊出如張弓射

圖392

圖393

虎，步法輕靈，腰要揉活，不可僵硬。兩臂悠蕩內含粘勁
不懈，身體中正。

235

第一七八式　左彎弓射虎

上動不停，內氣順時針向右下經腹前上翻向右旋立圈
旋轉，帶腰先右後再向左、向右揉轉；重心移至右腿，右
腿屈蹲，左前腳掌翹起；兩拳向右、向左下搬掛經左胯弧
形向上悠蕩，隨之重心移至左腿，左前腳掌落地，腳尖朝
東，左膝前弓，右腿自然伸直，成左弓步；同時，兩拳經
左肩隨轉腰向右上方弧形悠蕩擊出，左拳反腕在上，右拳
正腕在左拳前下，拳面朝前，拳眼斜對，屈臂垂肘；眼隨
視兩拳，即轉視右前方。（圖392、圖393）

【要點】同第一七七式進步右彎弓射虎。

圖394

圖395

第一七九式　反背捶撲面掌

　　上動不停，內氣逆時針先左後再向右旋，帶腰先左揉轉再向右揉轉；重心先右移，隨即左移，左腳跟向裏碾展，腳尖朝東北，右腳跟提起，前腳掌著地，兩腿屈膝下蹲，右膝在左腿膕處；同時，兩拳向左下方畫弧搠揉，經左胯過小腹隨轉體向右側搬掛再上翻，左拳弧形向前反背劈捶，隨即屈肘抽回肋側，拳心朝上；右拳變掌，右臂屈肘捲肱經右肩向前弧形按出，領指坐腕，掌心朝前，指尖朝上；眼隨視動作，轉視前方。（圖394、圖395）

　　【要點】搠揉掛蕩同上式彎弓射虎，反背劈捶自悠蕩中產生，要先捶劈隨即按掌，不可拳掌同時打，應有先後之分。右掌前按鬆肩垂肘伸展，右掌放長勁前推，要像衝

圖396

浪一樣快速流暢，此時右腳掌輕著地，似乎將要離地的樣
子；重心前移時兩膝齊屈下沉身架，但不可向前俯身，保
持中正狀態。

第一八○式　右托槍勢

　　上動不停，內氣順時針立圓旋蕩，帶腰隨氣揉轉；同
時，右掌順時針畫一小立圓向上托起，掌心朝上，掌略高
於肩；左拳變掌內旋向左頭側弧形反腕捲起，手指屈握似
刁拿，掌心朝外，指尖朝前；眼注視右掌。（圖396）

第一八一式　左托槍勢

　　上動不停，內氣返回逆時針立圓旋蕩，帶腰向右揉
轉；右腳向前（東）搬步，腳尖外撇朝東南，兩腿交叉，
屈膝下蹲，左膝在右腿膕處，左腳跟提起，腳尖虛點地，

重心前移至右腿；同時，右掌內旋向頭右側弧形捋挒，反腕捲起，屈指刁拿，掌心朝外，指尖朝前；左掌外旋向前伸弧形托起，掌心朝上，指尖朝前，左掌略高於肩；眼神注視左掌前。（圖397）

圖397

【要點】左右兩勢相連不斷，前手托時肘屈肩鬆，肘尖朝下向內合於中心線上，前手與鼻尖在一條線上。後手臂屈肘向後外側捋挒，即接手捋在先，挒勁在後。兩手要同時旋撐，並用腰帶轉臂和手產生旋轉離心力隱於挒勁中，挒手只到頭側，高不過額角，遠不過尺，離頭額遠，勢必散，即謂放勁遠，手卻不遠之意。重心落在前腿上，不可在後腿上用力支撐，後腳虛，要虛實分明。身體保持中正，無前俯後仰、左右倚斜或身體搖晃之弊。

第一八二式　左搬攔捶

上動不停，內氣返回順時針立圓旋蕩，帶腰先右再左揉轉；左掌內旋向右橫掌弧形平攔，左臂屈肘內圈前伸，右掌外旋向下弧形收至右脅際變拳，拳心朝上；左腳收經右踝內側向前弧形邁步，腳尖朝東；內氣逆時針向左平圓旋轉，帶腰向左揉轉；重心移至左腿，左膝前弓，右腿自然伸直，成左弓步；同時，腰帶左掌向左前方畫弧平攔一

圖398

圖399

圈，右拳內旋向前打出，拳眼朝上，拳心朝左，屈肘平伸，左掌正好攔至右前臂內側扶於右前臂上；眼神先隨視左掌，後隨視右拳前方。（圖398、圖399）

【要點】以內氣帶腰，以腰帶動四肢，內外協調一致，動作連貫靈活，身體中正，不可歪斜及前俯後仰。

第一八三式　如封似閉

動作和要點與第二十二式如封似閉相同，參見圖102—圖105。

第一八四式　十字手

動作和要點與第二十三式十字手相同，參見圖106—圖109。

圖400　　　　　圖401　　　　　圖402

第一八五式　合太極

　　上動不停，內氣向下回歸丹田；兩掌內旋徐徐向前伸臂，左右分開，與肩同寬、同高，隨即兩肘下沉，兩掌自然向下按落至兩腿側，指尖朝前；同時，兩腿慢慢伸直成自然直立，兩腕放直，兩臂自然垂於體側，重心移至右腳，左腳收並於右腳內側；神意守住丹田片刻，待內氣平穩後起目平視，收勢完畢。（圖400—圖402）

　　【要點】拳勢有始有終，太極有開有合，開為動起，合為靜收。所謂「一氣呵成」，即指從起勢內氣動始，一直到收勢，使內氣再回歸丹田這一全過程。起勢認真，收勢也不可忽視，收勢須以心神穩內氣，令氣穩於丹田，待守片刻。收勢是太極拳運動中一個重要程序，不可草草了之。

楊式內傳太極拳
家手內功解析

（一）太極拳之氣功

太極拳術的氣功，是太極拳本身應體現的功夫，非指一般意義上的氣功。有關氣的問題在張三豐的《太極拳論》《太極拳十三勢歌》《十三勢行功心解》和王宗岳的《太極拳論》等經典拳論中曾多次談到，如「氣遍身軀不少滯，以氣運身，意氣君來骨肉臣，氣宜鼓蕩，行氣如九曲珠，意氣須換得靈，腹內鬆靜氣騰然，氣斂入骨，氣如車輪，氣沉丹田，以意行氣，以氣貫神，以心行氣，務令沉著，氣遍身軀，心為令，氣為旗，腹鬆氣斂，氣以直養而無害，牽動往來氣貼背」等。

在許宣平和李道子的論述中也多處提到氣，如「二要遍體氣流行，流行於氣，無形無象，全體透空，應物自然，西山懸磬，虎吼猿鳴，水清河靜，翻江播海，盡性立命」……可見氣在太極拳中是非常重要的，因此，對氣就要有全面、深入的瞭解，以利於學練者修煉太極功夫、健

身養生、延年益壽。

氣，是氣體的總稱，可分為大氣、穀氣、真氣、原氣、營氣、衛氣、宗氣、清氣和濁氣等。

大氣指大自然的空氣，包括春天發生之生氣、夏天火熱之炎氣、秋天的燥氣和冬天的寒氣，也就是胸中呼吸之氣。

穀氣又叫水穀之氣，指飲食之精氣。

真氣是真精轉而成的氣，為營養人體各機能活動，以及抗病能力之氣。

原氣包括元陰之氣和元陽之氣，由精所化而成，賴後天攝入的營養滋生，是人類生命的主宰，推動體內各組織活動的動力。其源發於腎，藉以命門之火蒸發而成，藏於臍下丹田而儲用，借三焦的通路敷布全身，推動臟腑經絡及一切組織器官的活動，能轉各種氣機而發揮各自的作用。

營氣是脈管中的精氣，生於水穀，源於脾胃，出於中焦，其性柔順，有化生血液、營養周身的作用，營氣的運行從中焦上注於肺經，然後通過全身的經脈不停地運轉，營養人體上下、內外各部分。從生理的角度而言，營就是指血液的營養作用。

衛氣是人體陽氣的一部分，生於水穀，源於脾胃，出於上焦，行於脈外，其性剛悍不受經脈的約束，氣行迅速而滑利。它的運行，內而臟腑，外而肌表腠理，無所不到，它既有溫養臟腑，又有溫養肌膚、滋養腠理、啟閉汗孔等重要功能。也因為這種氣具有保衛肌表、抗禦外邪的作用，所以叫做衛氣。

宗氣是指飲食水穀所化生的營養之氣和吸入的大氣相結合而積於胸中的氣。胸中不僅是宗氣積聚之處，又是一身之氣運動所輸布的出發點。它有兩大功能，其一上出於喉嚨而行呼吸，它關係到言語、聲音、呼吸的強弱；其二是貫注心脈而行氣血，凡氣血運行，以及肢體的寒溫和活動能力，多與宗氣有關。

清氣是指清陽之氣、水穀精微之氣，從胃傳於肺，然後輸布各組織。因清氣生發於上，出於耳、目、口、鼻上竅，故名清陽。濁陰之氣，指飲食精華的濃濁部分和呼出之濁氣及從下竅排出的矢氣。《素問·陽陰應象大論》指出：「清陽出上竅，濁陰出下竅；清陽發腠理，濁陰走五臟；清陽實四肢，濁陰歸六腑。」古人用「清陽」和「濁陰」來闡明具體的、較為普遍的生理現象。

氣為血帥。氣為陽，是動力；血為陰，是物質基礎。營養在經脈中不停地運行周流全身，是賴於「氣」作為它的動力，氣行血亦行，氣滯血亦滯，所以說「氣為血帥」。

太極拳本身就是以氣為主的氣功拳。太極拳氣功分為運氣和用氣兩個方面。

運氣亦即心靜體鬆，神注丹田，使內氣歸於丹田，漸而充實，用神意引導指揮內氣去應該到的部位，用此種方法鍛鍊久而久之，氣從心意就能神意一到，氣必達到，而胸中呼吸之氣僅僅配合體動自然呼吸即可；用氣就是將養足並且聽指揮的氣儲蓄在丹田之中，用神意指揮調動到哪裏就到哪裏，調動多少就去多少；讓它快它就快、讓它慢它就慢；讓它做什麼它就做什麼，讓它怎樣做它就怎樣

做。非常順從,非常乖巧。

氣無形無象,可成任意形象,其動或直或曲、或平或立,或圓或扁,或成球滾動,或做螺旋纏繞,或起或落,或輕或重,或分或合,或是放出體外復又收回,無論何種運動皆是一個整體,內外合一,將體內之氣放大到體外,將對方納入我氣圈之內,拿住對方之氣,感而應之,以控制對方之氣,至此,練太極拳之氣已達到高深階段,亦即「四性歸源歌」中所謂:「世人不知己之性,何能得知人之性。物性亦如人之性,至如天地亦此性。我賴天地以存身,天地賴我以致局。若能先求知我性,天地授我偏獨靈。」的高深境界了。

此外,內氣的運和用,還必須關連到發力和呼吸的問題。練太極拳要求拳勢出手或發力時呼氣,收手或蓄勁時吸氣,呼吸與動作自然配合。對出手呼氣、收手吸氣的呼吸與動作的配合不要機械地理解,特別是練習均勻緩慢的動作時,不可以使呼到沒氣了還用勁往外擠壓,也不可以吸足了還努勁往裏吸,造成憋努而傷內。

練拳時氣道、勁道要順暢自然,不可勉強使拳與氣絕對的配合,自然配合是逐漸掌握的,應由緩慢到快速、由自然配合到必須配合。

太極拳運動,無論是在出手還是收手的過程,都要求呼吸密切配合。在《十三勢行功心解》中講:「能呼吸,然後能靈活。」所以說,呼吸方法與運動的靈活性有直接關係。發力時呼氣,呼氣須用鼻孔,使內氣在腹中鼓蕩,腹中內氣猶如氣球在空氣中飄蕩,用神意指揮其運動,不可用力,用力則滯。行氣如九曲珠,無微不利。氣之聽任

神意指揮，有輕有重，有沉有浮，有疾有緩，有纏繞有滾翻，有反覆曲折，如游龍戲水，非常活順。這就是呼吸、發力、內氣運行的協調一致，內外渾然，成一整體，剛柔疾緩，輕靈自如。

　　呼吸與運動配合不上，造成氣喘吁吁或胸中憋悶，腹中脹滿，拙氣橫於脅下，自然造成動作笨拙，身體僵滯，不但靈活不起來，還會損傷身體。因此，務必要掌握呼吸、發力、內氣三者的配合。

　　人處於社會之中，無不受七情六慾所擾。武者之心靈和行為，若能做到無過，人則為中正，以積極樂觀的心態對待一切事務，則登上健康之乘。心靜體鬆，修心養性，欲得太極拳之神髓，必先明太極妙道，而學太極拳，則又為入道之基。在張三豐《太極行功說》一文中強調練習內功的重要，他指出：「若才得太極拳法，不知行動之奧妙，輕制不顧，此無異煉丹不採藥，採藥不煉丹，莫道不能登長生大道，即外面功夫，亦決不能成就。必須功拳並練，蓋功屬柔而拳屬剛，拳屬動而功屬靜，剛柔互濟，動靜相同，始成為太極之象。相輔而行，方足致用。此練太極拳者所以必先知行功之妙用，行功者所以必先明太極之妙道也。」一言以蔽之，練拳應練內功，內外兼修，是為拳家正道，無須贅言。

（二）太極拳內功功法

　　太極內功是一種拳道合一、內外兼修、祛病健身、延年益壽、增強技擊功力的修煉功法。余師張文炳先生堅持數十年修煉內功不輟。師娘說：「他成年累月每晚盤坐在

床上練功，從不躺床上睡覺。寢室內床上的被褥永遠疊放得整整齊齊。」老師的內功造詣頗深，二目銳利如電，神光熠熠，時常目光犀利，使人膽寒，不敢與之直視。年近八旬手腳依然迅捷，反應靈敏，與他推手，往往使對方在不知不覺中已發至丈外；與他交手，當手與手將接時他已用完三手，快速敏捷，打閃紉針，對方還沒有反應過來，他已遊走換式了。

明白者懂得與他功夫相差甚遠，功夫淺者不認可，與之再交手，結果與余師之手將一埃即觸電般身不由己發出丈外，對方體會到余師功夫神妙，心悅誠服。

余師所傳太極內功功法分為臥、坐、站、行、隨五個層面，可畫分靜、動、隨三個類別。

第一類靜功有三種形式，即臥、坐、站。其中臥式又分為仰、側、靠三式。坐式又分靠、平、盤三式。盤又分散盤坐、單盤坐和雙盤坐。站式，即站樁，與太極拳預備勢略同。

第二類動功有單式功和盤架行拳動兩種，又稱單式練和盤拳練。

第三類隨功，即神意內練。隨時隨地，隨心所欲，不受時間、地點、環境限制，以神主意，以意行氣，氣通全身，是無形無象的太極心練法的高級階段。

靜功類中的臥式（包括仰臥、側臥、靠臥）和坐式中的靠坐式這兩種方式較適合於祛病、保健或初練內功的體弱者，在此不做重點敘述。初練內功者可從平坐式或盤坐式開始，也可從站樁式開始。選擇站或坐的何種方式，要因人而易，根據習練者身體情況自行選擇，無需強求一

致。其鍛鍊時間長短也需因人而易，不可勉強，不過坐式可長，站式需短。要緩緩修，徐徐煉，循序漸進，逐漸延長時間，功到自成。

1. 靜　功

（1）坐　式

①平坐：端坐於凳（椅）上，微收下頷，軀體端正，含胸拔背，鬆肩垂肘，十指舒展，掌心向下輕放於大腿膝部；兩腳左右平行分開，與肩同寬，脛骨與地面垂直，膝關節屈成90°角；兩眼輕閉或露一線之光，口輕閉，齒輕合，舌舐上腭，腹式呼吸，全身放鬆，心靜調息。

②盤　坐

a. 散盤坐：兩小腿交叉壓在大腿下面，自然平坐，頂頭豎項，含胸拔背，全身放鬆，兩眼輕閉或露一線之光；兩掌相疊，左內右外，掌心對著小腹丹田，放在腹前的大腿上，兩臂自然下垂，兩腋虛起勿夾，口輕閉，齒輕合，舌舐上腭，腹式呼吸，全身放鬆，心靜調息。

b. 單盤坐：雙腿盤坐，左（右）小腿抬起置於右（左）小腿上，左（右）足背貼在大腿上，足心朝上，其餘體式要求同散盤坐。

c. 雙盤坐：雙腿盤坐，兩小腿交叉，右足置於左大腿上，左足置於右大腿上，兩足心都朝上，其餘體式要求同散盤坐。

（2）站　式

與太極拳預備勢略同，首先自然站立，放鬆調息；兩腳左右平行分開，與肩同寬，足尖朝前，兩膝微屈，身體

中正，頂頭豎項，含胸拔背，鬆肩垂肘，兩臂自然垂於體側，兩腋微虛，或前臂屈抬，五指自然分舒，兩掌心朝小腹丹田，如抱球狀；全身放鬆，心靜調息。動作要求凝神聚氣，二目遠視，凝神一物或意識中的一物，站守片刻，使內氣聚於丹田，遂之釋放出去。

其次修煉時，可由神意調之，收神內視。此時不可心急，要順其自然，用神意引領內氣由印堂穴（又稱「上丹田」）收入，也可由百會穴、勞宮穴、膻中穴或中丹田（小腹臍下一寸半處）收入體內，眼瞼微垂隨即徐徐引其向下經任脈，一股暖流滾滾下落腹中，歸入丹田。內視意守丹田，細細體悟內中消息。

第三要引氣運行。丹田中真氣動，始用神意引領下行至會陰穴，意守片刻，遂領氣從會陰慢慢分為兩股向下經大腿、膝、踝達腳心湧泉穴，意守湧泉片刻。吸氣的時候湧泉之氣自下而上、合於會陰，與神意相交，過會陰上行達命門，守命門片刻，使帶脈充盈。隨即過命門逆行而上達頭頂百會穴，靈光聚頂，內視百會，意守片刻。引氣向前至印堂穴，再意守片刻，下行至齦交穴（門齒中間上腭處），此時面部有流水的感覺，舌尖舔上腭，滿口生津液。呼氣時內氣沿任脈下行，吞嚥津液，落入腹中，息息歸入丹田，如此週而復始地進行。

練功時間的長短，要視個人體質，因人而易，根據功夫漸進，逐漸延長修煉時間。注意意氣要合，緩慢均勻，無聲無息，用意不用力，此是靜功站練法。坐式的平坐、單盤、雙盤、散盤皆同上述練法。

第四要採用自然收功法。即意念收功，靜心片刻，徐

徐睜眼，兩手相搓而後搓面，由下而上經頭頂向後再經頸下撫至脖前，至少做三次，即可收功。

2. 動　功

（1）單式動

即上述靜功站式，當丹田內真氣動始，便可進行選定好的單式練習，也稱單式練，即帶功式。如摟膝拗步左右勢、單鞭左右勢、雲手、搬攔捶左右勢，倒攆猴、野馬分鬃等，也可另選其他動作進行單式練習。

（2）盤架行拳

即帶功盤架練拳，行之熟練，以神意引動先天之「氣」，再若行拳，方始以神主意，以意引氣，以氣引形，得入太極狀態。這時候人在氣中、氣在人中，天、地、人合一而事於混沌，陰陽不調而自調。時而久之，提攜天地，把握陰陽，呼吸精氣，獨立守神，行與神俱，盡終其天年。

3. 隨　功

即在帶功盤架行拳基礎上進行神意內練，隨時隨地，隨心所欲，採用體呼吸與喉頭呼吸相結合的方法，以神主意，以意行氣，氣通全身，延伸體外，隨放即收，可練拳，可練式，可練技，是無形無象的神意修煉。用則有，不用則無，不受時間、地點、環境的限制，是太極內功心煉法的高級階段。

太極拳祖師張三豐「先天氣之採煉」中曰：「每日先靜一時，待身心安定、氣息平和，始將雙目微閉，垂簾觀

照心下腎上一寸三分之間，不即不離，勿忘勿助，萬念俱泯，一靈獨存，謂之正念。」又曰：「調息不難，心神一靜，隨息自然，我只守自然，加以神光下照，即調息也。調息者，調陰蹻之息，與吾心中之氣相合於氣穴之中也。」

調息者，是用後天之氣練出先天之氣。「但知即日動止間，一物相處常團圓」，即待丹田有「物」、先天氣到時，自然其氣由尾閭穿長強向上，過命門、脊中、靈台、陶道、大椎、中府，至頭頂百會穴，再向前下行經上星、印堂，達齦交穴，通過舌尖的搭橋作用轉入任脈承漿、廉泉、天突、璇璣、華蓋、紫宮、膻中、鳩尾、上脘、中脘、下脘、分水、神闕、陰交、氣海、石門，落入丹田。落入丹田，為煉精化氣的小周天。

氣行若成，即行煉氣化神之功。

張三豐說：「入定坐下，閉目存神，使心靜息調，即煉精化氣之功也。回光返照，凝神氣穴，使真氣往來內中，靜極而動，動極而靜，無限天機，即是煉氣化神之功。」

此處引述張三豐「先天之氣之採煉」，一為習者方便，二為拋磚引玉。練隨功關鍵在於個人真修實煉，不貪不棄，持之以恆，終會有果。但其果，因人、因功之深淺而易，非千篇一律。修煉內功之體悟，仁者見仁，智者見智，自會引來非議，皆屬自然。太極內功原為口傳心授之術，今落筆於紙上，因才疏功淺難述其詳，望賢者見諒。

250

（三）試解李道子「授秘歌」

「授秘歌」源自明朝宋遠橋緒記的《宋氏家傳太極功源流支派論》一書中的一段記述，其內容為：俞蓮舟的太極功，名曰「先天拳」，亦名「長拳」，得唐李道子所傳。李道子係江南安慶人（今安徽潛山縣）。至明時嘗居武當山南岩宮修煉，因不食煙火之食，唯以麥麩充饑，故人稱之曰「麩子李」，又稱「夫子李」。

夫子李傳授給俞蓮舟的練功歌訣是：「無形無象，全體透空。應物自然，西山懸磬。虎吼猿鳴，水清河靜。翻江播海，盡性立命。」這四句話，32個字，後人稱其為「授秘歌」。這「授秘歌」之秘，一不言其法，使人無從下手效仿；二無一字談拳，卻能提高拳藝，使俞蓮舟不但無敵，亦得全體大用，有如此奧妙之功效。

編者認為「秘歌」是要習練者自行真修實練去證悟揣摩，並從修煉內功的角度來探討「秘歌」，試解其秘，拋磚引玉，望賢者能師予以賜教。透過我們的研習討論，使更多的愛好者能得到「秘」益。

編者認為無論是練何種拳術，或是內修外練，都是以練「精、氣、神」為目的，這才是武術的真諦，是根本。練體則為末，練體而輕視內修，皆是捨近求遠，捨本求末，本末倒置之舉。多修本，末自強，天行健自強不息。練太極拳本來就是拳道合一。練太極拳要放鬆心靜，調均呼吸，緩慢練，徐徐養，圓活連貫，順合用意，內外合一，自然法成，皆是為練「精、氣、神」。

「秘歌」中第一句話「無形無象、全體透空」告訴我

們的是氣。《素問》中說：「精中生氣，氣中生神。」
《類經》上說：「精全則氣全，氣全則神全。」《太平
經》上說：「精、氣、神三者共為一體……故神者，乘氣
而行，精在其中也。三者相互為治，故人能長壽者，乃當
愛氣、養神、重精也。」「本為陰陽之氣，氣能為精、精
轉為神、神能為明。故壽者，當守氣而合神。精不去其
形，念此三合為一……則太平氣應矣。」

精、氣、神三者之關係既明瞭，又如何練呢？首先要
知道，頭頂百會穴是藏神之所，小腹丹田是藏氣之海，襠
中間的會陰穴是藏精之處，丹田後對左右二腎，雙腎之間
是命門穴，是兩腎精氣出入之門。頭在上為神屬火，精氣
在下屬水，以神火化精水乃生成焉。守腎斂神邪火不生，
守心收氣妄念不來，如此心腎相交、水火既濟，乃生合和
之氣，然後再守丹田聚氣。如玉之無疵，清清白白得真一
之道。守心亦是守神，守神須心平氣和，心平則神聚，氣
和息乃調，心平即心（思維意識）不起波動，此中即玄
關。神也、氣也，無形無象，心神體，內外鬆靜，將自體
化於宇宙之中，達天人合一之妙境，全身體透玲瓏，無內
無外，神氣暢通無礙，自身恍恍惚惚，杳杳冥冥。此時清
通一氣精氣神，日月運行不息，一元初始，無中生有。

秘歌中第二句「應物自然、西山懸磬」。是說一元初
始，無中生有。應者對待之意；物者，精也，活子。如何
對待？不緊不鬆，自然之法。練精化氣，自然應付。如何
自然應付？存無守有，即存無形之真焉，以元神守有形之
真精。呂祖百字碑云：「養氣忘言守，降心為不為。動靜
知宗祖，無事更尋誰。真常須應物，應物要不迷。不迷性

自住，性住氣自回。氣回丹自結，壺中配坎離。陰陽生反覆，普化一聲雷。白雲朝頂上，甘露灑須彌。自飲長生酒，逍遙誰得知。坐聽無弦曲，明通造化機。都來二十句，端的上天梯。」三豐祖師云：「無根樹，花正黃，色色中央戊已鄉，東家女，西舍郎，配作夫妻入洞房。黃婆勸飲醍醐酒，每日掀開醉一場。這仙方，『返魂漿』，起死回生大藥王。」

中央戊已土是丹田，東家女，西舍郎是左、右兩腎（一陰一陽的腎）氣注入丹田，以呼吸（黃婆）相助，飲口中產生的津液，又稱「長生酒」「醍醐」為酒，這「酒」是由真精化為真炁，循督脈升起至頭頂百會，養靈光於頂上，出慧海於三清，圓明有象，淨徹無垠。真炁下行交任脈，「開天河之一道，化玉泉之生新」，即化做飽含生命信息的津液，喻為「酒」，慢慢飲咽下去，過十二重樓，直達中央戊已之鄉一丹田。陰陽交媾，結成黍米金丹種籽。所產之物，勿貪、勿追，自然而然。此時達到物我兩忘，一無所有，空如懸磬之妙境。

第三句「虎吼猿鳴，水清河靜」之句，指練功中陰陽反覆之道，神氣、陰陽、水火。龍虎交媾結大丹之奧妙。呂祖「百字碑」云：「陰陽生反覆，普化一聲雷。」

「虎吼猿鳴」或曰「雷聲震動」，乃是得到周身關竅，名曰開關展竅，周身氣血百脈流通，無絲毫滯凝之隱，就如宇宙間一聲春雷，震動大地通暢，陰凝凍解，周身陽氣充溢，即陰陽電失去平衡發生交媾時產生雷電，達到新的平衡，一切又進入平靜狀態。

「水清河靜」即是指陰陽達到新的平衡，一切又進入

和合平靜狀態。「水清河靜」或「河靜海晏」「河清海靜」之句，皆指黃河千年一清，大祥大瑞大吉之象。意思是說黃河水清，大海風平浪靜，比喻天下太平盛世。練功文火溫養之法，呼吸之根若有若無，後天識神已滅，先天元神作主，虛靈不滅，使鼻息之氣直達精宮之處，勿忘勿助，神氣精合也。

第四句「翻江播海，盡性立命」是形容由風平浪靜的文火溫養中產生的真氣內動力非常巨大。指內氣旺盛，周身關竅已開，真氣運化行駛力量之大，氣勢之猛。文火溫養，真氣內動，清通一氣精氣神，日月運行不息，圓明有象，淨徹無垠，養靈光於頂上，出慧海於三清。水火既濟，妙合天地人。養我魄，護我魂，通我氣血，育化我神，太極妙法韋陀，日月普照來臨。即練氣又練神，練氣為命功，練神為性功。神氣精同練性命雙修即為盡性立命。這「秘歌」一字未談如何練拳，卻能使拳精進。其中之「秘」就是要練「內功」，這個內功不在拳內，而在拳外，即棄本求末；練拳同時練內功，使精氣神旺盛，拳自然精進，是固本強末之法。「授秘歌」就是練內功的修道之法、不言之「秘」。理解和掌握這個「秘」須有明師指點，傳授下手功夫，緩緩修，徐徐養，求急不得，要漸進如煙之冉冉而升，養則若有若無，不可過於執著。守雌不雄，緩而漸，不急不著而漸進，方得事半功倍之效。

練太極拳鬆靜安舒，均勻緩慢，圓活連貫，斂神用意，雖練拳之道在其中，但這僅僅為初修，還須修煉靜功，使精氣神足，達通神達化之妙境。

歡迎至本公司購買書籍

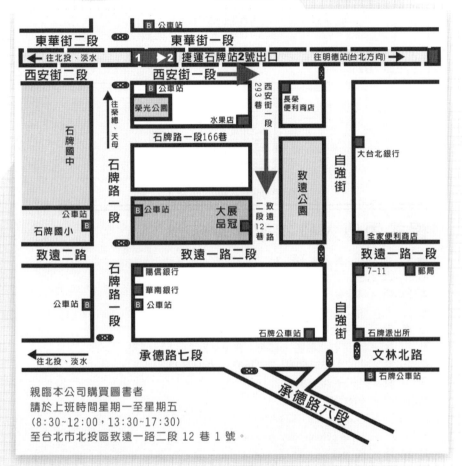

親臨本公司購買圖書者
請於上班時間星期一至星期五
(8:30~12:00，13:30~17:30)
至台北市北投區致遠一路二段 12 巷 1 號。

建議路線

1. 搭乘捷運‧公車
　　淡水線石牌站下車，由石牌捷運站2號出口出站(出站後靠右邊)，沿著捷運高架往台北方向走(往明德站方向)，其街名為西安街，約走100公尺(勿超過紅綠燈)，由西安街一段293巷進來(巷口有一公車站牌，站名為自強街口)，本公司位於致遠公園對面。搭公車者請於石牌站(石牌派出所)下車，走進自強街，遇致遠路口左轉，右手邊第一條巷子即為本社位置。

2. 自行開車或騎車
　　由承德路接石牌路，看到陽信銀行右轉，此條即為致遠一路二段，在遇到自強街(紅綠燈)前的巷子(致遠公園)左轉，即可看到本公司招牌。

國家圖書館出版品預行編目資料

楊式內傳太極拳家手／張漢文　蔣　林　編著
——初版，——臺北市，大展，2014〔民103.02〕
面；21公分 ——（楊式太極拳；5）
ISBN　978－986－346－002－2（平裝；附數位影音光碟）

1.太極拳

528.972　　　　　　　　　　　　　　　102025540

楊式內傳太極拳家手 附 DVD

編　　著／張漢文　蔣　林
傳　　授／張文炳
責任編輯／李彩玲
發 行 人／蔡森明
出 版 者／大展出版社有限公司
社　　址／台北市北投區（石牌）致遠一路2段12巷1號
電　　話／（02）28236031・28236033・28233123
傳　　眞／（02）28272069
郵政劃撥／01669551
網　　址／www.dah-jaan.com.tw
E - mail／service@dah-jaan.com.tw
登 記 證／局版臺業字第2171號
承 印 者／傳興印刷有限公司
裝　　訂／承安裝訂有限公司
排 版 者／弘益電腦排版有限公司
授 權 者／北京人民體育出版社
初版1刷／2014年（民103年）2月

定　價／350元

大展好書　好書大展
品嘗好書　冠群可期